Mister Happiness

Direction de la publication : Isabelle Jeuge-Maynart et Ghislaine Stora
Direction éditoriale : Élodie Bourdon
Édition : Mélissa Lagrange
Conception de la couverture : François Lamidon
Conception de la maquette intérieure : Florian Hue
Préparation de copie : David Lerozier
Mise en pages : Florian Hue
Fabrication : Karine Mangili

ISBN : 978-2-03-595051-2

Arnaud Collery

Mister Happiness

Un Chief Happiness Officer vous livre ses secrets pour vous réinventer

LAROUSSE

À ma femme, Janet.

SOMMAIRE

AVERTISSEMENT

Le livre que vous tenez entre les mains est un *feel good book* rempli de pensées positives, de trucs pour améliorer votre vie et celle de votre entourage.

Il est construit autour de 36 notions qui sont autant de façons de cheminer vers le bonheur, pro et perso.

Tout au long de ma carrière de Chief Happiness Officer (CHO) et dans la continuité des différentes vies que j'ai vécues, ponctuées de rebondissements, de succès mais aussi d'échecs, j'ai expérimenté, mis en pratique et en théorie, toutes ces notions.

De Cape Town à Aruba (l'île du Bonheur), de Dubaï au Pakistan, de l'Équateur à New York, en passant par la Chine ou le Japon, je vous les livre ici mes impressions, anecdotes, souvenirs, mais aussi quelques pensées de grands spécialistes du bonheur : philosophes classiques d'Occident ou d'ailleurs, spécialistes de la psychologie positive et de l'intelligence émotionnelle... Tout est là pour vous aider à améliorer votre pratique du bonheur et à trouver votre propre voie.

Ce livre s'adresse à tous et les derniers chapitres vous donneront peut-être à vous aussi l'envie de vous lancer dans le merveilleux métier de Chief Happiness Officer !

1 LE BONHEUR : UNE TENTATIVE DE DÉFINITION

> « *Si ce que vous dites, vous faites et vous pensez est en harmonie, alors vous êtes heureux.* »
>
> Gandhi

Le bonheur, c'est le point central de ce livre et du métier de CHO. Il s'agit donc de savoir de quoi on parle ! Comme l'amour et la mort, c'est un vaste sujet, qui a occupé bien des auteurs, et qui nous fait tous courir. Chacun a sa définition : Aristote, Shakespeare, Gœthe, Gandhi... et pardon à tous ceux que j'oublie ! Toutes sont belles, toutes sont vraies, et toutes sont source d'inspiration ; mais aucune ne peut s'appliquer telle quelle à son lecteur. À chacun son bonheur ! Il y a 7 milliards d'individus sur Terre, et autant de définitions du bonheur ; c'est ce qu'un moine népalais m'a dit un jour. Cela m'a appris à me concentrer sur ma propre vision, sans plus m'inquiéter de celle des autres.

Cela n'empêche pas de se pencher sur la question. C'est une quête permanente, mais il y a des réponses. Nous avons tous droit au bonheur, dans tous les aspects de notre vie : en famille, au travail – c'est le sujet principal de notre livre –, avec ses amis, dans ses loisirs. Mais y avoir droit ne signifie pas que cela va de soi ! Le bonheur se cherche, s'exerce et s'améliore en permanence.

Avant toute chose, il importe de trouver sa propre définition du bonheur et de tout faire ensuite pour aligner tous les aspects de sa vie pour y parvenir. Pas de fausse pudeur ici, cela ne regarde que vous, et cela évolue en fonction des âges de la vie ! Pour ma part, par exemple, de 20 à 25 ans, je cherchais mon bonheur dans l'idée que je me faisais de la réussite : argent, reconnaissance, entreprises prestigieuses... Il n'y avait pas de honte à cela. À chacun ses drivers, et il est important de les identifier tôt, puis de les apprécier ou les modifier si nécessaire. Pour moi, le divorce de mes parents, lorsque j'avais 25 ans, m'a fait revoir toutes ces valeurs. J'ai décidé de suivre deux objectifs : la joie et donner du sens à ma vie. J'allais découvrir que la pratique du bonheur implique bien des paramètres. Entre le « connais-toi toi-même » gravé au fronton du temple de Delphes, il y a trois millénaires, l'optimisme et l'audace comme ingrédients et mes passions comme boussoles et principes de vie, je me suis en mouvement. Et toujours j'ai rebondi. « Renaissance's Man », me surnomment mes amis américains.

On peut donc prendre son bonheur en main, et y travailler. Dans toutes les sociétés traditionnelles, dans la tribu d'Équateur où j'ai vécu, ou chez les Masaïs que j'ai rencontrés en Tanzanie, la recherche du bonheur arrive en deuxième position dans l'ordre des priorités, juste après la nourriture. Et on cite aussi régulièrement l'exemple du Bhoutan, ce petit pays niché dans l'Himalaya qui raisonne en termes de BIB, Bonheur Intérieur Brut, plutôt que de PIB... mais il ne s'agit pas là d'une invention de l'année : cela fait quarante ans, depuis 1978, que le Bhoutan a changé de paradigme ! Aujourd'hui, la méthode est affinée. Différents indicateurs de bonheur sont en place, et le pays a également trouvé une source de rentabilité, puisque le visa coûte 250 dollars par jour, ce qui explique que je ne sois pas encore allé me rendre compte sur place des bienfaits de cette approche. C'est un peu cher pour un long séjour ; or, j'aime séjourner plusieurs mois, au moins, dans un pays.

Deux autres pays placent le bonheur en tête de leurs priorités. Dubaï, d'une part, s'est lancé dans la démarche et a créé le World Happiness Council, à l'initiative de la ministre du Bonheur, âgée de 24 ans. Même si le pays a encore du chemin à parcourir au niveau social, il a toujours su jouer un coup d'avance pour maintenir son rang. Deuxième pays à avoir enclenché la démarche : Aruba, l'île du Bonheur. À une heure de vol du Venezuela, cette île paradisiaque était surtout connue comme un paradis fiscal. C'est d'ailleurs ainsi que je la voyais lorsque l'on m'en a parlé la première fois : j'avais rédigé un mémoire sur les paradis fiscaux lors de mes études de finance, avant de réviser mes priorités. Lorsque, vingt ans plus tard, lors de la cérémonie de remise de diplôme de l'école Thnk.org à Amsterdam que j'animais, un certain Roy Menzas m'approcha et m'informa qu'Aruba était devenue l'île du bien-être, je fus pressé d'aller voir cette transformation. Synchronicité ? Deux ans plus tard, j'ai effectué une dizaine de sessions de conseil/coaching sur l'île et créé puis mis en place mon propre certificat de « Chief Happiness Officer ». À Aruba, 100 000 habitants, du Premier ministre jusqu'aux serveurs, appartiennent à 86 nationalités différentes, sans que cela ne fasse l'objet de discussions ou de différends de quelque manière que ce soit. Ils cultivent tous une gentillesse aussi reposante que régénérante.

On peut donc faire le choix du bonheur, et certains ont proposé une pratique pour cela, comme les bouddhistes, il y a 2600 ans ou, il y a quarante ans, comme les Bhoutanais. Alors, pourquoi cette notion semble-t-elle si opposée à nos modes de vie, de travail et à représentations culturelles ? Entre compétition acharnée pendant les études et carrière, overdose de connexions électroniques peut-être trop déshumanisées, et argent-roi, il semble que beaucoup d'entre nous se perdent en route. Mais il est dommage d'attendre le burn-out ou la dépression pour redresser la barre et réorganiser ses priorités !

C'est dans ce contexte que le Chief Happiness Officer entre en scène. Cette profession inventée, il y a vingt ans, dans la Silicon Valley est un peu tombée dans l'oubli avant que votre serviteur et quelques autres pionniers ne la ressuscitent, en 2014, aux États-Unis et dans le monde entier. Notre rôle ? Être 90 % chaman, 10 % showman ! Dans l'entreprise, nous sommes chargés de créer du lien et d'approfondir la relation entre les individus, en travaillant sur les valeurs avant tout, en développant notre capacité d'écoute et d'empathie, et en nous consacrant à l'amélioration du vivre-ensemble de tous les salariés. Il ne s'agit pas de se mettre un nez rouge, d'installer des baby-foot ou d'organiser des apéros géants ! L'événementiel ne compte que pour 10 % de notre métier. C'est une mission bien plus fondamentale que nous effectuons. Elle passe par la recherche et la reconnaissance de la vérité et du bonheur de chacun, dans sa vie professionnelle et personnelle, et par l'effort de susciter une meilleure harmonie au sein du groupe. Cette mission engendre du bien-être, mais s'effectue aussi à travers des moments de mise à nu, de doute et d'émotions : comme le chaman, nous sommes à la fois l'animateur de la tribu, celui qui connaît les chants sacrés, mais aussi le confident des membres de la tribu, le révélateur des oracles et le dépositaire des valeurs du groupe.

De nombreuses études ont établi qu'un employé heureux est 30 % plus productif et plus créatif… et, en corollaire, 80 % des salariés occidentaux apparaissent – au minimum

– désengagés. Il est donc vital de prendre en compte et de travailler le bonheur dans l'entreprise, et ce n'est pas seulement une question de confort moral !

Ce livre vous propose 36 entrées pour effectuer ce cheminement vers le bonheur. De « bénévolat » à « valeurs », de « storytelling » à « timing », il a pour but de vous aider à construire votre propre bonheur et à le diffuser autour de vous. Le bonheur, le vrai, celui qui rend radieux les hommes et les femmes, réside avant tout dans le partage avec d'autres. C'est ce que je vais essayer de vous démontrer, en l'appliquant au monde, finalement pas si inhumain, de l'entreprise... lorsqu'elle prend en compte les individus qui la font tourner ! Montaigne nous disait déjà qu'être heureux, c'était « retrancher la tristesse et répandre la joie ». Spinoza nous disait : « Observe ce qui te rend heureux et te rend triste, prends-en conscience chaque jour un peu plus. »

Personnellement, le soir, en me couchant, je me demande souvent : « Qu'est-ce qui m'a surpris aujourd'hui ? » et je trouve toujours quelque chose.

Time to be happy

✓ Quel est votre propre écosystème du bonheur ? Qu'est-ce qui vous fait du bien et pourquoi ?

....

....

....

✓ Avez-vous, au quotidien, une somme d'émotions positives supérieure aux émotions négatives ?

....

....

....

✓ Qu'est-ce qui vous manque pour être heureux ? Est-ce un vrai manque ?

....

....

....

✓ Qu'avez-vous envie de trouver dans ce livre ? Quelle est votre intention ?

....

....

2 STORYTELLING : L'ART DE SE RACONTER

> « *À chaque nouvelle histoire, la culture du monde est changée !* »
>
> Norman Jewison

Notre vie constitue le plus riche et le plus foisonnant des romans ! Raconter son histoire, c'est le b.a.-ba de notre métier de CHO et la partie la plus enrichissante, pour nous tous, coachs, raconteurs et auditeurs. Dès que je rencontre quelqu'un, je ne lui demande pas ce qu'il fait, ni même qui il est, mais bien quelle est son histoire. Une demande qui surprend parfois, mais qui permet de poser les bases d'une relation plus authentique et qui est déterminante pour nos prochains échanges : en tant que CHO, on cherche à faire résonner les sensibilités, les visions et l'âme de chacun, au bénéfice du groupe professionnel. Il est vital de situer dès le début les échanges sur ce terrain. Notre mission vise à nous changer, à changer les gens autour de nous, à améliorer le fonctionnement du groupe au sein de l'entreprise, et même, j'en suis convaincu, à modifier l'histoire du monde. Tout cela, à notre niveau, serait-il composé de quelques personnes, peut avoir des effets de ricochet incroyables, vous ne tarderez pas à vous en rendre compte.

Comme le dit Steve Jobs dans son fameux discours aux étudiants de Stanford en 2005 – un speech de quatorze minutes, visible sur YouTube, sur le sens de la vie, l'entrepreneuriat, et la motivation –, nous réalisons le sens de notre vie en tirant les conclusions (*connect the dots* – relier les points) de notre histoire passée. C'est ainsi qu'on peut comprendre notre propre cohérence intérieure et construire notre avenir en confiance.

Pour moi, la base de ma pratique, tant dans mon métier de CHO que dans mes ateliers de « Stand up for Passion[1] », réside dans la pratique du storytelling personnel. Raconter son histoire, c'est user de nos propres mots, être l'acteur, le metteur en scène et le cinéaste de sa propre vie. C'est un point de départ pour tout changement. Entendons-nous bien, nous parlons ici de qui nous sommes vraiment, des rencontres, des souvenirs et des événements qui nous ont façonnés, brique par brique.

---

1. Lors de ces événements, j'invite sept personnes aux parcours inspirants et atypiques à se raconter, à dévoiler leur histoire devant un public. À travers ces récits de vies ponctuées de déceptions, de doutes, d'échecs, mais aussi - et surtout - de belles réussites et d'épanouissement, je souhaite partager un message d'espoir et répandre la confiance en soi, élément indispensable au bonheur.

Il ne s'agit pas des dates, des diplômes et de l'année de votre bac ! Le storytelling, c'est l'anti-LinkedIn. LinkedIn propose votre personnalité « sociale » à l'intention de vos réseaux. En revanche, votre personnalité profonde, votre intimité, vos émotions, vos convictions, votre identité culturelle ont été forgées par une multitude d'éléments hors champ des radars sociaux. C'est cette personnalité qu'il s'agit de révéler ici, dans le cadre d'une conversation, d'un atelier, d'une session d'improvisation ou de stand-up.

On touche là à l'essence du métier de CHO, qui mobilise deux qualités essentielles : l'écoute et la bienveillance. C'est ce qui me passionne vraiment : passer une ou deux heures avec une nouvelle personne pour connaître son histoire et peut-être sa vérité. Ces compagnonnages avec tant d'êtres humains racontant leur histoire m'ont construit : j'écoute en moyenne trois histoires de vie par semaine, et ce depuis l'âge de 15 ans. Peut-être ai-je emmagasiné plus de 4 000 histoires... J'ai même raté des fêtes, des examens, et quelques deals à cause de cette obsession. Je vous y encourage aussi, à votre échelle, mais soyez prudent : quelque chose de magique opère, des liens forts se créent. Le vieux Freud parlait de transfert et de la prudence nécessaire pour le psy engagé dans cette relation à deux.

Soyez donc attentif, à l'écoute, bienveillant, ayez du discernement. Impliquez-vous avec énergie et authenticité. Agissez en miroir, mais n'hésitez pas à vous raconter également. Veillez à ne pas devenir peu ou prou un juge ou un maître à penser.

L'univers si humain de la recherche du bonheur suppose une saine appréciation des choses.

Si vous souhaitez vous aussi répandre le bonheur, commencez par votre meilleur cobaye: vous-même! Interrogez-vous sur ce qui vous plaît, vous excite et vous fait rêver. Demandez-vous ce qui a fait de vous la personne que vous êtes aujourd'hui. Parlez-en avec vos meilleurs amis, Connectez les points de votre histoire et accouchez au sens originel de la maïeutique socratique de votre récit personnel. Quelle est votre substantifique moelle? Quel est votre désir profond?

Un exemple ? Lorsque j'étais comique de stand-up à Los Angeles, je me suis souvent étonné de mon propre choix de vie : une belle ironie pour quelqu'un dont le milieu d'origine n'avait pas la fibre artistique. Et puis, je me suis souvenu que ma mère avait écrit un livre, sans oser le présenter à des éditeurs, et que mon père pouvait faire rire des groupes de 50 personnes en Champagne en faisant visiter ses vignes. Une sorte de logique m'est apparue. En écrivant pour faire rire les autres, je prolongeais finalement un pan enfoui de mon histoire familiale...

C'est en Tanzanie, en 2011, que j'ai découvert pour la première fois le pouvoir incroyable du self-storytelling. J'étais venu dans le cadre d'une opération humanitaire et je croyais que l'acquisition des bases du théâtre pourrait constituer pour les jeunes une expérience enrichissante et amusante. Sur le terrain, j'ai abandonné finalement l'idée de leur faire écrire des sketchs, et je leur ai proposé de se raconter. J'utilisais mes acquis en pratique du stand-up, sans nécessairement en utiliser le ressort comique. Et là, au fil des semaines, le miracle a opéré. Je les ai vus s'ouvrir à eux-mêmes et aux autres, souvent pour la première fois de leur vie. Leurs histoires personnelles étaient très diverses. Certains avaient été battus, d'autres empêchés d'aller à l'école. Les larmes ont coulé, bien sûr. Mais entendus chacun par le groupe, ils se sont sentis reconnus par tous et par eux-mêmes... Autre exemple : Goldin Martinez, un Afro-Américain du Bronx, qui a débarqué un beau jour dans mon espace de coworking à New York, chargé d'un trop-plein d'énergie qui le rendait presque inquiétant... Il souhaitait s'inscrire à « Stand up for Passion » et m'a parlé pendant vingt minutes de choses sans intérêt. J'ai senti un conflit chez lui... quelque chose bloquait... Je lui ai alors demandé de raconter sa véritable histoire et d'arrêter le blabla : il me confia alors qu'il avait été abusé sexuellement très jeune, un secret lourd qu'il n'avait jamais confié à personne jusque-là... Il raconta ensuite cette histoire sur scène, et cela a changé sa vie pour toujours. S'affirmer ainsi, révéler son secret lui a donné le sentiment que plus personne ne pouvait rien contre lui... Aujourd'hui homme d'affaires, il m'a dit que ce moment où il s'était raconté sur scène avait constitué l'étape la plus importante de sa vie. Il avait ensuite pu s'apaiser et canaliser son énergie. Tel peut être l'effet de transformation que suscite un récit de vie authentique. C'est un exercice salutaire pour tous, partout et toujours ! Chacun est gagnant à écouter l'autre et à partager son histoire. Si l'authenticité est au rendez-vous, un récit a un effet de vérité contagieux.

Bill Clinton a dit qu'il devait son succès au fait de savoir raconter son histoire et celles des autres. Tout le monde a une histoire, dit-il, certains seulement savent la raconter. Je me souviens aussi de Ron, très grand consultant d'Amsterdam venu me rendre visite à New York pour un coaching en prise de parole en public. Le soir, après le training, il m'a confié sa véritable histoire, plutôt rocambolesque après la découverte de l'adultère de sa femme avec son meilleur ami. Il avait dû se reconstruire totalement, faire d'abord le deuil de son couple, calmer sa colère, préparer le futur de ses enfants. En mars 2016, dans le quartier d'Union Square, il est venu sur scène nous raconter comment, finalement, il avait retrouvé un équilibre. Il avait séparé sa maison en deux et construit un espace commun pour les enfants. Lui et son ex-femme disposaient désormais d'entrées et de chambres indépendantes. En racontant sa vie sur scène, il s'était senti comme une rockstar. Il avait découvert, en se mettant en scène, à la fois l'expression artistique et la libération intime. Il s'est senti apprécié et a pu inspirer les autres. Notre histoire authentique, si nous savons et pouvons la raconter, peut ainsi éclairer et changer la vie des autres.

Time to be happy

Écrivez le livre de votre vie, en commençant par titrer les chapitres en fonction des grands moments de votre existence. Voici les chapitres du livre de ma vie :

✓ 16 ans : l'âge de tous les possibles, *US I come !*

✓ 18 ans : il n'y a pas que la finance dans la vie

✓ 20 ans : Hiroshima mon amour

✓ 21 ans : à nous deux, Wall Street !

✓ 23 ans : qui suis-je ? Où cours-je ? Dans quel état j'erre ?

✓ 28 ans : Hollywood, me voilà !

✓ 31 ans : Get on stage, baby

✓ 33 ans : tribulations d'un non-Chinois en Chine

✓ 36 ans : suis-je le nouveau Spielberg ?

✓ 38 ans : grosse(s) claque(s) dans la gueule

✓ 40 ans : quel est le sens de ma vie ?

✓ 41 ans : big life changes

✓ 44 ans : ma mission : rendre les autres heureux. Point barre.

À suivre...

C'est à vous !

....

....

....

....

....

....

....

....

....

....

....

....

....

....

....

....

....

....

....

3 MES SUCCÈS ET MES DÉFAITES : LE SEL DE MES VIES

> *La plupart des gens surestiment ce qu'ils peuvent accomplir sur un an, mais sous-estiment ce qu'ils peuvent accomplir en dix ou vingt ans.*
>
> Anthony Robbins

La vie n'est pas un long fleuve tranquille, et je suis bien placé pour savoir que l'on navigue de succès en défaite, ou même de défaite en défaite, avant de connaître le succès. Rien n'arrive par hasard. Thomas Edison a prononcé cette phrase superbe : «Le succès, c'est d'aller d'échec en échec sans jamais perdre son enthousiasme.»

Effectivement, chaque défaite contient les germes du succès à venir, à condition d'en tirer les enseignements. Cela vous permet d'avancer dans la vie avec, en perspective, un horizon plus ouvert à la résilience, mais surtout à l'espoir.

Dans la Silicon Valley, la règle est bien connue : il faut en moyenne monter trois start-up pour que la quatrième commence à réussir. Les investisseurs examineront de 1000 à 2000 dossiers, pour au final investir dans 10 projets, tout en sachant qu'un seul rapportera, peut-être, le pactole. Pour ma part, j'ai changé 15 fois de carrière, mené 100 projets, travaillé avec plus de 150 équipes, pour enfin devenir un coach reconnu à plus de 40 ans. Si ce parcours a été mouvementé, pas toujours facile, avec plaies et bosses, il s'est avéré passionnant, riche de rencontres humaines dans tous les continents. Aucun regret, j'assume tout.

Aujourd'hui, l'écriture de ce livre sur les clés du bonheur en entreprise et dans la vie, et la réussite personnelle, puisque nous sommes dans la même dynamique, constitue une nouvelle étape. Je m'étais déjà frotté à l'écriture avec quelques romans non publiés, dès 1997. Écrire est un acte libérateur. Le livre que vous tenez entre les mains est donc pour moi une libération et la réalisation d'un souhait en gestation depuis vingt ans.

Laissez-moi vous livrer mon histoire à mon tour. Je vais brièvement donner quelques clés d'un parcours peu classique et, comme lors des évéments « Stand up for Passion », j'espère que vous trouverez dans mon parcours des éléments de réponses à vos questions. Jusqu'à 15 ans, rien de spécial hormis beaucoup de sport, la création d'un club d'investissement et du théâtre.

Mais surtout cette envie d'être, de vivre ; de quitter Paris, de vivre par mes propres moyens.

Lorsque je réfléchis sur mes premières expériences, je considère comme très positif mon départ dès 16 ans pour les USA afin de passer un an dans une famille d'accueil en Caroline du Sud puis en Georgie. À 19 ans, je renouvellerai l'expérience, mais cette fois au Japon, dans une famille japonaise, en vivant de petits boulots. Déjà, j'apprenais une langue différente et me frottais à d'autres cultures et approches de la vie.

Que de stages, de petits boulots et de belles opportunités, de jobs incertains, de porte-à-porte, de centaines d'envois de CV, aux quatre coins du monde, à une époque où Internet balbutiait. J'alternais ensuite les stages, dans une société de fusions-acquisitions à New York, dans une autre à Gibraltar et d'autres encore. J'ai occupé des emplois très divers : stagiaire au milieu des traders dans la plus grande salle de marché de Paris à l'époque, un job de rêve comme vendeur de luxe chez Cartier dans le quartier chic de Tokyo, et un poste de chargé de mission auprès du juge Jean-Pierre, alors député européen entre Bruxelles, Luxembourg et Paris. J'ai bossé quelques mois dans les paradis fiscaux à Gibraltar, j'ai bien vite vu que ce ne serait pas pour moi, mais c'est passionnant à vivre à 20 ans. À 21, je passe un an comme sous-officier militaire entre Draguignan, l'école d'artillerie et l'école de renseignement militaire, l'EIREL, à Strasbourg, j'aurai même l'occasion de faire un mois de sport complet au bataillon de Joinville... J'ai obtenu, plus tard, une bourse d'études qui m'a permis de passer un an en Chine, en même temps que je réalisais mon long-métrage, et que j'acquérais à la fois des notions de chinois et une appréhension plus fine de cet immense pays. À 22 ans, à Hong Kong, j'ai sillonné les buildings, tapé à la porte de 200 sociétés et obtenu deux réponses, mais aucun poste. Il m'est arrivé des choses marrantes aussi... J'ai été viré plusieurs fois de cabinets de recrutement, à Paris en 2001, et à Los Angeles en 2003. Je connais bien les fausses opportunités, les trahisons, le vol des concepts, des carnets d'adresses et les factures non réglées. J'ai beaucoup navigué dans le milieu de la télévision, de la communication et du stand-up. Et au milieu des déboires, mon efficace mantra : « Ou je réussis ou j'apprends. »

Petite vignette, un soir de Noël à Los Angeles en 2005. Cela faisait cinq cents jours que rien ne bougeait : courts-métrages sans intérêt, scénarios passant de producteur en producteur, passages sur scène non rétribués, promesse de mon propre film, propre émission sans cesse reculée. Difficiles moments, dans une mégalopole obsédée par l'argent et la réussite. Pour m'aider à survivre, mon ex-petite amie philippine a même fait un virement de 2 000 dollars pour m'aider. Je me vois encore pleurer dans ma voiture avant de prendre mon service comme serveur à Sunset Plaza car je ne voyais absolument pas le bout du tunnel. Je me lamentais sur moi-même, regardant ma vie. Pourquoi avais-je fait de tels choix, pourquoi avais-je quitté la proie pour l'ombre ? Et ne pas être resté à Paris ou Tokyo, où tout était si facile.

En effet, l'année précédente, j'étais chargé des relations investisseurs pour une grosse agence de communication dans un bureau du boulevard Haussmann, à Paris. Nous travaillions avec EuroNext. Je vivais dans un appartement à Neuilly à nouveau. La vie était facile. Mais non, je voulais absolument tenter ma chance à Hollywood et devenir acteur et à nouveau me réinventer complètement et prendre tous les risques. Sur mon sabre d'officier militaire, j'avais inscrit une devise : « Être sur une corde raide, c'est vivre ; le reste n'est qu'attente. »

À Hollywood, plusieurs fois, j'ai cru décrocher un grand rôle ou une émission. Chaque fois le verdict tombait : j'étais trop jeune, trop vieux, trop français, pas assez français. Trop musclé, pas assez musclé, trop blond, pas assez blond...

J'ai finalement investi toutes mes économies et celles d'un ami et d'investisseurs en 2008, et passé trois ans à réaliser un film, *Little Klaus Big World*, sans parvenir à vendre ce docu-comédie de 90 minutes. Il m'a pourtant donné une extraordinaire expérience professionnelle et humaine. J'ai écrit, réalisé, produit et également été acteur aux quatre coins du monde, Japon, Inde, Chine, États-Unis et France.

Et grâce à ce film, j'ai rencontré l'un des plus grands inventeurs du siècle, le génial Doctor Nakamatsu à Tokyo, de grands sportifs, le comique indien Papa CJ, et je suis même parfois monté sur scène avec eux. Il y a eu de grands moments de franches rigolades et d'euphorie. J'ai tourné dans des écoles maternelles chinoises, sur des pistes de ski en suisse, au TajMahal.

À Los Angeles, j'ai été poursuivi par un pseudo-Keanu Reeves. La vente du film, sa diffusion ont constitué une autre aventure. Je suis bien parvenu à rencontrer le président de Sony France et l'un des pontes de M6, mais ils ont refusé la distribution du film. Je me heurtais toujours au même mur, aux mêmes réponses : « Comment te vendre, tu es trop hors normes, hors tout... Ton film est inclassable. »

Je me vois encore en 2009, arpentant le Festival de Cannes, à la recherche d'improbables distributeurs, avec à mon actif quelque 2 000 e-mails envoyés, plus de 200 rencontres... et rien à l'horizon. Quelques très belles fêtes tout de même, je suis monté sur plusieurs yachts... mais ce n'était pas le but recherché !

Au final, trois ans de travail acharné, des dizaines d'acteurs et de techniciens payés au rabais, une boîte de production coulée et quand même quelques prix, dans divers festivals, dont Monaco et au Japon.

Mes 37 ans se soldaient par la fin de l'insouciance et une solide dépression, mais j'espère un jour revenir sur ce film, tourné il y a dix ans, à la diffusion ratée. Jamais sans cet épisode de ma vie, je n'aurais pu acquérir un peu de profondeur et devenir Chief Happiness Officer quelques années plus tard. Tout arrive pour une raison.

Pendant toutes ces années à Los Angeles, j'ai appris et pratiqué le stand-up. J'étais le seul Français de 2003 à 2008 à Los Angeles à le pratiquer. Gad Elmaleh est arrivé plus tard. J'étais également le seul non-Américain ou anglo-saxon à se produire sur autant de plateaux télé. Je suis passé absolument dans tous les clubs de la ville.

Ma vie à Hollywood, mes 500 passages sur scène aux USA, jusqu'en 2010, m'ont permis de comprendre et de maîtriser les techniques et ressorts du stand-up. C'est une formidable école d'audace et de vulnérabilité.

Susciter l'émotion d'une assistance, sous des latitudes et cultures aussi diverses m'a probablement permis d'affiner ma perception des êtres et des choses. J'ai acquis quelques antennes précieuses en ce domaine. Je me rappelle cette intense expérience en 2004, le premier jour où je suis monté sur la scène mythique du Comedy Store fréquenté par les plus grands. J'avais fait rire la salle. C'était la première fois. C'était mieux que le sexe. J'étais sur mon petit nuage. Grand moment de ma vie ! Dans la salle, Américains, Latinos, Canadiens. Aucun Européen, et pourtant cela avait pris. Quelle joie !

Le stand-up, la scène, le storytelling, la vie aux États-Unis m'ont beaucoup appris. La vie d'un artiste recèle des instants très forts, des épiphanies indicibles, l'accès à l'autre devient plus intense.

De même, devenir un comique dans une langue qui n'est pas ma langue maternelle, et parvenir à déclencher le rire dans des émissions télé de comédie telles que «Last Comic Standing» où j'étais arrivé en quart de finale ou « E-Entertainment » ont été des moments majeurs dans ma vie.

Le stand-up a donc été l'un des plus grands apprentissages de ma vie. Sans le savoir, je mettais en place le concept que je développerai quelques années plus tard à New York City autour du récit de vie: «Stand up for Passion».

« Stand up for Passion ! » Un nouveau concept qui n'a pas retenu au début l'adhésion des sponsors. Ils reculaient tous devant un happening jugé trop émotionnel et pas assez léger. Aujourd'hui, après trois ans d'efforts et d'histoires, l'équilibre financier est atteint. Mais j'ai dû attendre d'avoir coaché quelques dizaines de personnes, le plus souvent gratuitement, pour obtenir références et notoriété... jusqu'au Pakistan, à Islamabad, à Karachi, à Lahore. Comme je viens de le découvrir récemment, dans une mission de « team building » pour Careem, l'une des plus grandes sociétés de technologie de la région, ils avaient entendu parler de ce que nous faisions. Là-bas !

«Stand up for Passion» constitue aujourd'hui une formidable documentation, de mémoires et d'histoires de vies contemporaines, un peu partout sur la planète : Japon, Népal, New York, Londres... et bientôt le Maroc, le Brésil. Plus d'une centaine de personnes coachées, si diverses, plus de 5000 spectateurs y ont assisté. Quelle chance de pouvoir générer tous ces récits de vie et de m'enrichir moi-même dans ces échanges !

Puis, peu à peu, mes activités autour du monde se sont orientées autour de la question du « vivre ensemble » et de la recherche du bonheur.

En voici quelques exemples...

À Tokyo en 2010 : je suis chargé de créer et d'animer les « French Tuesdays » devenues en quelques mois les soirées les plus hype du monde de la nuit. Mon but visait à créer les soirées les plus joyeuses possible…

En Tanzanie, en 2011 : je suis recruté comme volontaire pour une école afin d'enseigner à des jeunes dans un village le théâtre et le stand-up.

À Los Angeles, en 2012 : nous créons, à deux, un club « Happy Sundays » où nous nous réunissons avec d'autres, une fois par semaine, pour réfléchir à une place pour le bonheur dans la société.

Janvier-juin 2013 : en Afrique du Sud, je deviens Chief Happiness Officer pour un incubateur de start-up.

Noël 2013 : je passe un mois dans une tribu en Équateur. C'est un des moments clés de ma vie où j'élabore quelques définitions simples du bonheur, loin du livresque et du conceptuel, mais cela sonne juste. Et à ce moment, je décide de devenir CHO indépendant et de contribuer à la multiplication de tribus humaines.

Mars 2014 : je crée deux entités à New York. Il y a ma propre société de conseil et coaching en bonheur d'entreprise, Kikaimining, et la production de mon événement « Stand up for Passion », ouvert à tous.

Septembre 2014 : « Happy Hacking Days » à Lille…

Telles sont quelques-unes des universités nomades de votre serviteur : un Chief Happiness Officer performant aussi bien au Népal qu'au Moyen-Orient, en Tanzanie ou au siège des Nations unies. J'ai pu travailler pour Dior, Cartier, l'ONU, Novartis et bien d'autres sociétés.

J'espère ainsi contribuer à ma modeste échelle à l'épanouissement de quelques milliers de personnes, dans leurs jobs, dans leur vie, quels que soient leur âge, leur sexe, leur origine et leur culture. J'ai eu l'honneur d'être invité à parler au World Happiness Summit à Miami, au World Happiness Report à New York, à Happiness at Work à Copenhague, Happiness 360 à Aruba et à bien d'autres événements autour du bonheur.

Aujourd'hui, j'apprécie une certaine forme de succès et de reconnaissance, liée au fait d'avoir maintenu le cap, traversé mes passions, avant de réussir à les synthétiser dans mon activité actuelle... Autant d'histoires, d'épisodes et de rencontres qui m'ont permis d'apprendre et de m'enrichir dans l'essence du métier de CHO : de l'humain, toujours de l'humain, et encore de l'humain !

Time to be happy

✓ Faites une liste de vos succès et de vos... leçons !

....

....

✓ Qu'avez-vous appris au cours de votre vie ?

....

....

✓ Quels sont vos succès présents, nés de vos échecs passés ?

....

....

✓ Que pouvez-vous apprendre d'autre de vos échecs passés ?

....

....

✓ Que pouvez-vous réussir de plus ?

....

....

4 POURQUOI CHANGER ?

> *« Beaucoup d'hommes sont malheureux car ils préfèrent rester dans un malheur confortable, indolore plutôt que d'accepter certains sacrifices qui permettaient d'accéder à un bonheur plus grand sur le long terme »*
>
> Frédéric Lenoir

Pourquoi changer ? Si vous tenez ce livre entre les mains, l'idée d'un changement dans votre vie vous est probablement venue à l'esprit ! Et pour de bonnes raisons, qui tournent autour du dépassement de vos inhibitions et votre développement personnel… Le but, c'est de vous transformer en « moi en mieux ! ». Il n'y a pas de mauvaises raisons. La psychologie positive nous apprend que pour beaucoup d'entre nous, nous pouvons nous transformer avec le temps :

le pessimiste peut devenir optimiste, le cynique peut retrouver de l'espérance, le triste peut retrouver de la joie, c'est une question d'entourage, de volonté. Certains exercices peuvent même modifier le fonctionnement du cerveau et le mettre en mouvement !

On a souvent peur du changement, mais c'est pourtant la seule chose constante dans la vie. Provoqué ou subit, le changement advient toujours, alors autant le choisir ! Prenez votre destin en main, sans attendre : plus tard, vous serez peut-être davantage bloqué qu'aujourd'hui.

Héraclite, philosophe grec qui vivait il y a 2 600 ans, disait : « On ne peut pas entrer deux fois dans le même fleuve. »

Combien de gens rencontrés qui ont trop attendu, et se sont retrouvés à un niveau de responsabilité si élevé qu'ils ne peuvent plus envisager de partir... Pourtant, ils n'avaient pas choisi cette carrière, ou cette vie. Ils n'ont pas su écouter cette petite voix intérieure qui est celle de leur désir profond. L'image me vient de cette femme en larmes, le jour où elle avait enfin obtenu, après tant d'années d'efforts, le poste de ses rêves, chez Goldman Sachs, la meilleure banque d'affaires au monde.

Nous ne devons pas ignorer trop longtemps nos intuitions. Mon auteur préféré, Joseph Campbell, parle du « *call to adventure* », c'est-à-dire de l'appel du large, de l'univers, de la vie.

C'est quelque chose qui vous appelle, à laquelle il faut répondre. Ne raccrochez pas ! On n'a rien à perdre à devenir heureux, ou à devenir soi-même. Que ce soit l'envie de travailler dans un domaine, un pays ou avec une personne.

Voici un des choix insolites de ma vie : en 1995, je regarde une émission à la télévision française où intervient Thierry Jean-Pierre, ancien juge, un député européen unanimement reconnu comme un homme intègre et brillant. J'ai alors un « coup de cœur intellectuel » pour lui. Je décide à cet instant qu'il est la personne avec qui je veux travailler. J'ai dû ensuite lui envoyer une centaine de fax. J'ai appelé sa secrétaire tous les jours. Il m'a reçu enfin pour m'embaucher peu après. J'ai ainsi pu travailler à ses côtés, quelques mois dans l'univers politique. J'ai tant appris dans cet univers sur les imbrications sulfureuses du pouvoir et de la finance. Nous avions songé avec Thierry à monter une société d'intelligence économique. Cet homme génial nous a malheureusement quittés trop tôt, il y a déjà quelques années, mais j'ai eu la chance de travailler à ses côtés.

Un grand obstacle à notre changement réside dans notre crainte du regard des autres, celui de la famille, la société, les collègues, les amis, mais également ce regard des autres que nous avons intériorisé.

Casser les habitudes de vie par un choix personnel, c'est aussi casser les codes sociaux routiniers. Cela ne va pas sans risque. La même question émane du public lors de chaque session de « Stand up for Passion » à New York ou ailleurs, et jusqu'au Népal. Tous les speakers, sans exception, se sont vu poser cette question : « Comment avez-vous fait avec votre famille ou vos amis ? » Tous, sans exception, ont répondu la même chose. Leurs choix s'étaient avérés difficiles et incompris. Ils avaient perdu des gens de vue, mais peu à peu au fil du temps, les choses s'étaient aplanies, rangées.

En 1996, lorsque j'ai quitté Cartier Tokyo, les avertissements se sont multipliés. J'ai souvent entendu : « Tu es débile, tu as une place en or. » De même en 2003, ma décision de quitter la France pour me lancer dans l'aventure californienne fut saluée d'une salve amicale de : « Tu veux te planter et foutre ta vie en l'air ? » Rebelote en 2012, à Los Angeles, lorsque j'ai lancé mes premiers événements « Happy Sundays » autour du bonheur. La singularité de ma démarche ne m'échappait pas, tandis que mon entourage tentait de me ramener à la raison : « On s'en fout du bonheur à Los Angeles. Ce qu'on veut, c'est être connu, être riche, pourquoi parles-tu de trucs philosophiques qui n'intéressent personne ? », etc.

Décider de passer outre l'opinion courante n'empêche pas de demander des avis et des conseils. Les premières personnes sollicitées sur votre projet peuvent avoir une énorme conséquence pour la suite. À 16 ans, j'ai eu la chance que mon père ait cru en moi et m'autorise à partir en famille d'accueil aux États-Unis. Je suis même parvenu à lui démontrer que je lui coûterai moins cher aux USA qu'en France. Si vous souhaitez changer, trouvez-vous un mentor qui a pu avoir été dans votre situation et vous comprend, quelqu'un que vous respectez, dans votre famille ou parmi vos amis. Il est nécessaire d'avoir un interlocuteur privilégié, témoin de votre progression, qui vous sert aussi de miroir. Vous constaterez, comme moi, que changer n'est pas impossible, mais consiste à faire reculer pied à pied les frontières du possible !

Bon, mon père, c'est aussi quelqu'un qui a été entrepreneur dans le milieu du vin, de la technologie puis qui a 50 ans s'est réinventé coach puis thérapeute puis sexologue à 60 ans. Le changement il connaît ! J'ai eu de la chance de l'avoir. Merci papa !

Ensuite, faites un tour d'horizon pour explorer les conditions de votre nouveau projet. Rencontrez le plus de monde possible. Prenez des cafés ou de simples rendez-vous, avec tous ceux qui bougent dans la constellation visée. N'hésitez pas à tenter une première expérience, si vous souhaitez changer de pays et de préférence en hiver. Après l'étude réaliste et pragmatique de l'éventail des possibilités vient le temps de la décision. César a franchi le Rubicon il y a quelque deux mille ans, et on s'en souvient encore, ou en tout cas, c'est ce que m'a dit ma mère. En décidant de passer avec ses troupes la limite du ruisseau interdite aux troupes par le Sénat romain, Jules César modifiait le destin politique de Rome, pour les siècles à venir. C'est à nous de franchir notre Rubicon, c'est-à-dire le seuil de nos barrières, de nos interdits et de nous forcer ainsi le destin. Lorsque nous sommes embarqués, il n'y a plus de retour arrière. Ayez une démarche offensive, allez vers les autres, beaucoup d'autres, et n'oubliez pas cette règle d'or forgée dans ma propre expérience, toujours vérifiée. Sur cent appels ou e-mails adressés, il s'en trouve toujours pour aboutir à quelque chose ! Il ne faut pas se focaliser sur la manière ou le mode de changement, mais sur l'envie de changer, sur l'intention. Tel est le constat empirique issu de mes centaines de changements de projets, de vie, ou de réalisation, sur ce qui fonctionne ou qui ne fonctionne pas. Je reviens souvent sur ce thème avec les personnes que je coache pour « Stand up for Passion », mais aussi pour d'autres événements et clients.

Les autres avec leurs récits de vie ont beaucoup contribué à enrichir et à élargir ma perception des possibles. Chaque changement de vie devient une véritable leçon ! Voici quelques exemples.

Guillaume Gauthereau, un Français de New York, start-upper de génie, était à la tête d'une société de 150 personnes après avoir levé 40 millions de dollars pour Totsy. Puis un beau jour, il est parti travailler une année auprès de Mère Teresa. Revenu à New York, il a monté un conservatoire des abeilles.

Chiyoko Osbourne a quitté la mode pour monter une société dédiée à la pleine conscience. Le déclic s'est produit pour elle un jour pendant son cours de yoga. Elle a pris conscience qu'elle perdait son temps et que son souhait profond était d'avoir un impact dans le monde.

Akebono, un sumo important du Japon, hawaïen de naissance, a embrassé cette carrière par un concours de circonstances. Son frère avait été repéré, mais il est parti à sa place. Aujourd'hui, il est devenu une des plus grandes stars du métier.

Luc Hardy, ex-banquier d'affaires à New York, a décidé de réorganiser sa vie autour des voyages et de l'aventure.

Toutes ces personnes ont un point commun. Un jour, elles ont répondu à une nécessité interne, une petite voix qui les appelait à changer ! La vie est si courte.

Mon discours doit vous paraître une apologie du changement. Peut-être, mais c'est aussi une incitation lucide à s'adapter à un monde en mutation rapide. Certaines personnes sont peut-être plus nomades, plus aptes aux changements, d'autres plus sédentaires, plus rétives à une modification de leurs habitudes et choix de vie.

Peut-être tous ces témoignages en disent-ils beaucoup sur la manière dont certains individus répondent, d'une part, à un désir interne qui les taraude, et de l'autre aux défis posés par l'environnement en pleine mutation dans lequel nous entrons. Peut-être n'avons-nous guère le choix ?

Quant à moi, j'ai fait fort ! Quatre fois, je suis retourné vivre au Japon ; quatre fois, je suis retourné vivre aux États-Unis. Chaque fois j'ai vraiment cru que j'allais me fixer. J'ai même cru m'enraciner à Hollywood, par la pratique du cinéma et du stand-up.

Les changements peuvent modifier de façon radicale nos choix les plus intimes. En 2008, j'obtiens une bourse du gouvernement chinois pour passer un an à Pékin. Je veux partir avec mon amie, mais pour qu'elle obtienne un visa, nous devons nous marier. Cette nécessité a décidé de notre vie commune et donc provoqué des décisions plus profondes. Nous sommes ensemble depuis douze ans.

Le changement vous met en mouvement et sollicite votre créativité. Le monde vous apparaît autrement. Une nécessité pour tous, peut-être, en 2018 ?

Changer nécessite des exercices de musculation mentale et relationnelle. Exercez-vous. Ça marche même de mieux en mieux.

Time to be happy

✓ Qu'est-ce qui vous pousserait à changer ?

....

✓ Connaissez-vous cette flamme intérieure, appelée l'« orenda » par les Indiens d'Amérique, qui vous pousserait à franchir le pas ?

✓ Trouvez votre mentor, créez votre communauté ou approchez celle qui vous attire.

✓ Lister 10 changements qui vous ont été imposés par la vie et 10 que vous avez choisis.

1. ....
2. ....
3. ....
4. ....
5. ....
6. ....
7. ....
8. ....
9. ....
10. ....

5 TIMING : IL Y A UN TEMPS POUR TOUT. ET C'EST MAINTENANT !

> « *La meilleure époque pour planter un arbre, c'était il y a vingt ans, mais il y a aussi aujourd'hui.* »
>
> Proverbe chinois

Le prix Nobel de médecine vient d'être décerné à Jeffrey C. Hall, Michael Rosbash et Michael W. Young, pour leurs travaux sur le contrôle des rythmes circadiens, qui nous permettent de mieux comprendre notre horloge biologique. Dans le monde des neurosciences, la chronobiologie est un sujet en pointe. La définition de nos cycles biologiques nous permet de mieux nous alimenter, nous soigner, peut-être de mieux vivre ! Si je ne suis pas un expert du sujet, je suis devenu un observateur attentif du timing général, notre timing personnel, le timing physique ou le timing de la société.

Le bon sens et l'expérience des professeurs comme des professionnels nous apprennent que les heures entourant la pause déjeuner, comme les heures d'après-midi, ne sont pas les plus productives. La faim, la digestion ou la fatigue accumulée entraînent bien des absences passagères et des endormissements malencontreux.

Il y a aussi un timing plus global, lié à l'époque, à l'actualité et à l'atmosphère générale à un moment précis. J'ai appris dans mes stand-up comedies que certaines blagues qui ne passent pas à tel moment seront tout à fait bien reçues à d'autres. De même, dans la vie d'une entreprise, le calendrier personnel, professionnel des divers acteurs s'adapte aux lignes de décisions politiques et économiques si les planètes sont bien alignées ! Les introductions auprès d'un décisionnaire suivent ce tempo non dit. Peu à peu l'intuition s'aiguise et nous apprenons à mieux écouter et à mieux gérer les opportunités. Il y a surtout notre timing personnel. S'il y a un temps pour tout, plus nombreux et divers sont nos essais, plus votre intuition aiguisée saisit les opportunités...

Mes projets sont souvent arrivés trop tôt. Peu à peu j'ai appris à mieux caler mes horloges. En 1999, j'ai proposé et obtenu une émission sur le bonheur sur une chaîne de télévision française. C'était vingt ans trop tôt. À la même époque, mes cinq romans d'inspiration très américaine n'ont pas rencontré d'échos. Et pourtant, j'avais déjà un agent, et je m'y voyais déjà, comme chantait Aznavour. Mon film *Little Klaus Big World* aurait peut-être trouvé un distributeur en 2008, mais en 2010, 70 % des boîtes de distribution fermaient, le marché des films indépendants s'effondrait comme la musique dix ans plus tôt. Mauvais timing encore ! La même année, des amis sont parvenus à vendre leur film à Sundance, mais pour seulement... 50 000 dollars.

Qu'importe, comme le rappelle le proverbe chinois cité en exergue ! Il faut simplement continuer et avancer. Dix ans après mon émission sur le bonheur, je reviens dans le domaine du bien-être progressivement... Mais avec le bon timing, cette fois-ci.

En 1994, je rêvais de devenir financier à Aruba à la fin de mes études. J'ai tout appris sur l'île, brochure « Aruba.inc » à l'appui. Finalement, vingt ans plus tard, je développerai des activités à Aruba, mais autour du bonheur.

En 2010, Je souhaitais aller en Afrique. J'ai alors travaillé sur un film qui devait être tourné en Afrique du Sud.

Le projet a échoué. Trois ans plus tard, j'ai enfin obtenu une mission intéressante de consultant pour l'Afrique du Sud. Le jeu des circonstances, un bon timing, avait cette fois-ci joué en ma faveur. Mon intention première se réalisait.

Je suis devenu très attentif au fait que rien ne se perd, que tout se transforme et qu'il faut saisir les vents favorables. C'est ainsi qu'en 2010, le montage des French Tuesdays à Tokyo a pu voir le jour. Une demande de fête internationale était dans l'air. La perception du monde devenait plus globale. Après la crise mondiale, un désir de fête imprégnait les esprits et nous avons proposé et réalisé un événement qui a vraiment marché. Aujourd'hui, à Tokyo, on est passé à autre chose ; ce n'est plus le timing.

Notre vie ressemble à une navigation enrichie par la métaphore du timing, particulièrement adaptée à notre monde de chiffres et d'écrans. Mais les repères des marins n'en demeurent pas moins très pertinents : sentir le vent, le moment, les courants.

Pour tous ceux d'entre nous qui travaillent dans une entreprise, CHO ou pas, nous devons sans cesse inciter nos troupes à oser, à innover et à anticiper les cycles. Dans le cycle de l'éternel retour des choses, chacun peut voir son heure arriver ! Au sens du bon timing, il faut joindre le sens du défi ! Si le timing est mauvais... vous avez tout de même appris quelque chose. Une nouvelle opportunité se présentera. Vous serez plus armé. Le destin peut sourire, mais il faut l'y aider. Le destin est un grand coquin.

Time to be happy

✓ Faites une liste de toutes les idées qui un jour ont traversé votre esprit et ont été mises en application par d'autres. Puis listez celles qui n'ont pas encore été mises en application !

....

....

....

....

....

✓ Analysez pourquoi l'une de vos idées a connu une réussite ailleurs. Observez son timing.

....

....

✓ Observez les réussites de vos amis, connaissances et collègue. Ont-ils su saisir un bon timing, souvent, parfois, jamais ?

....

....

6 AUTHENTICITÉ : ASSUMEZ-VOUS ET AFFIRMEZ-VOUS !

> « *C'est impossible de vivre sans rater quelque chose, sans prendre de risques à moins que vous viviez avec tellement de prudence au jour le jour, c'est comme si vous n'aviez jamais vécu, auquel cas vous avez raté votre vie par défaut.* »
>
> J.K. Rowling

Ce n'est pas sans courage que l'on devient qui l'on est et que l'on ose s'affirmer comme tel. Il ne s'agit pas d'affirmer bruyamment les opinions du jour ou de surjouer un personnage imaginaire.

L'authenticité, c'est le fait d'avancer démasqué, d'agir et de parler en accord avec vos idées et vos principes. Bref, d'être aligné avec vos objectifs de vie et vos valeurs.

Fondamentalement, il s'agit d'être à l'écoute de ce que votre petite musique intérieure vous dit et d'essayer de ne pas être dissonant entre votre moi social et votre moi intérieur.

Une recommandation plus facile à écrire qu'à réaliser.

Comment repérer les situations où nous ne sommes pas nous-mêmes et peu authentiques ? Aux symptômes, tout simplement !

Si vous êtes inconscient du jeu de composition que vous interprétez, écoutez votre corps. Souvent, un mal de tête persistant, un mal de ventre (le ventre est également un siège de nos émotions : c'est notre deuxième cerveau), ou un sentiment de malaise diffus, signale une rébellion intérieure. Une partie de vous proteste dans cette manifestation corporelle. Vous somatisez, comme dirait un psychologue.

Mais n'envoyez pas tout promener sur un coup de tête ! Nous sommes et serons toujours soumis à une pression sociale, à des codes de groupe ou de tribus. Notre authenticité réside dans notre interprétation personnelle. Souvent, les autres ne nous ont rien demandé et nous avons décidé de mettre un masque.

Lors de mes sessions de storytelling, j'ai l'habitude de sélectionner sept personnes choisies pour leur aptitude à exprimer leur authenticité. Chaque fois le même phénomène se produit. La veille de l'événement, du témoignage, il y en a toujours un ou une qui remet son masque et même son casque, tant la peur de s'aliéner la considération des autres est prégnante. Je pense évidemment que ce n'est pas la bonne réaction, d'autant plus que, sur scène, la vérité d'une interprétation éclate aux yeux des spectateurs. Ainsi sommes-nous tous, peu ou prou constitués, à l'abri derrière nos masques si confortables.

Tel le caméléon, nous avons tendance à moduler nos expressions et sentiments selon l'environnement, à nous éloigner en douceur des confrontations et à mettre en sourdine ce qui constitue notre originalité profonde, notre véritable jugement et nos aspirations.

Naviguer en bon politique peut constituer une pratique efficace. Mais ce n'est pas mon propos. Ce dont je parle, c'est d'une prise de conscience personnelle de notre comportement, et de la sortie d'un comportement « comme tout le monde ». Il s'agit de ne pas se mentir à soi-même sur nos aspirations profondes. Se voiler la face est psychologiquement destructeur et ne tient pas sur la durée. Donc, faites les ajustements nécessaires à votre environnement social ou professionnel, tenez-vous « à carreau » seulement en cas d'urgence et autorisez-vous à être vous-même, à certains moments : le soir, pendant les vacances, en regardant la nature, la pluie, le soleil, le vent ou la nuit. Enfin, observez-vous. Repérez les instants où vous vous sentez en cohérence avec vous-même. Ces moments constituent des « ancres émotionnelles » qui vous permettront peu à peu de vous raccrocher à votre moi profond et de relier toutes vos vies, sans trop vous préoccuper du regard des autres. Vous pourrez, alors, peu à peu construire votre volonté.

Les Japonais ont théorisé cette dissociation entre « *honne* » ce qui est réellement à l'intérieur, et « *tatamae* », ce que l'on montre à l'extérieur, notamment au travail... Au Japon, la société exige une soumission complète ! Cette schizophrénie ambiante a causé beaucoup de dégâts. Le Japon évolue vite. L'emploi à vie au sein de la même entreprise n'existe plus. Aussi la jeune génération commence-t-elle à mixer les deux concepts et à s'affranchir de cette obligation de garder la face.

Un bénéfice majeur résultant d'une attitude plus authentique dans toutes nos vies – perso, pro, familiale, amicale – est la modification de notre rapport aux autres. Vous vous réorienterez naturellement vers ceux avec qui vous avez le plus d'affinités, et les autres viendront vers vous. Le charme réside avant tout dans votre personnalité...

Time to be happy

✓ Quelles sont les situations où vous portez un masque ?

....

....

....

✓ Visualisez les dommages entraînés par votre masque. Visualisez-vous retirant votre masque, quels seraient les bénéfices ?

....

....

....

✓ Que seriez-vous prêts à sacrifier si vous enleviez votre masque ?

....

....

....

7 MÉDITATION ET PLEINE CONSCIENCE : DÉCOUVRIR VOS MONDES INTÉRIEURS

> « *Les pensées sont comme les vagues sur une mer. On ne peut pas les arrêter, mais on peut apprendre à les surfer.* »
>
> Jon Kabat-Zinn

Je m'intéresse à l'essor de la méditation et de la pleine conscience *(mindfulness)* en Occident. Cette évolution devrait être prise en compte, car elle peut être un outil pragmatique, dans un monde pressé. L'événement à San Francisco Wisdom 2.0 regroupe plusieurs milliers de professeurs de méditation. Frédéric Lenoir en France introduit la méditation dans les écoles. Cette pratique se répand dans l'armée, dans les prisons. Les Tibétains appellent cela « se familiariser avec l'esprit ».

Dans un monde de plus en plus rapide et bruyant, où notre attention est sollicitée de toutes parts, à tous les moments de la journée, nous avons tous besoin de nous reconnecter avec nous-mêmes, avant de nous connecter aux autres. Différentes approches sont ainsi vulgarisées. Pratiques de méditation, bouddhistes, taoïstes, dérivées du yoga, ou de la pleine conscience ont le même objectif, quels que soient leurs enseignements, leurs méthodes ou leurs objets de méditation. Les supports des pratiques peuvent s'incarner dans un objet, le flux de ses pensées, les perceptions ou les respirations, une phrase, ou rien du tout, pour n'en citer que quelques-uns. Toutes ces pratiques visent à amener le sujet méditant à se concentrer sur l'instant présent. L'essentiel de notre vie sur Terre s'approche alors de la séparation de l'inutile et du superficiel. Les bénéfices sont nombreux, rapides et à la portée de tous : baisse de la tension, hausse de la concentration, relaxation immédiate, il y a beaucoup de philosophie pratique dans ces petits moyens.

De très anciennes pratiques ont ainsi été transmises en Occident par de nombreux passeurs. Le réalisateur David Lynch, adepte de longue date de la méditation transcendantale, est l'un des plus célèbres. Ces passeurs sont maintenant très nombreux et je citerais Jon Kabat-Zinn, Ken Wilber, Matthieu Ricard, Christophe André, Fabrice Midal, etc.

Aujourd'hui, de nombreuses entreprises organisent des séances de méditation, souvent intitulées «réflexion personnelle»: une heure, ou plus, afin de générer de la relaxation pour tous les employés.

Google a largement participé à ce développement. Depuis 2007 la création du Search Inside Yourself Leadership Institute, par Chade Meng-Tan, ancien ingénieur de Google, a permis le développement de cette pratique pour des centaines de milliers de personnes, chez Google et partout dans le monde.

L'heure la plus propice pour la méditation est peut-être 6 heures du matin. Tout le monde dort, le tourbillon de la journée ne s'est pas envolé. Vous pouvez faire votre check-in interne, tel un pilote d'avion vérifiant ses instruments dans le cockpit avant de s'envoler. Vous vérifiez que tous vos «clignotants sont au vert»... Ces métaphores techniques de notre époque peuvent s'adapter au domaine très ancien de la méditation. Après ce temps dévolu à vous-même, vous entamez une journée, mentalement frais et disponible, apte au recul, avec la hauteur de vues et la conscience nécessaire pour mettre les choses à leur juste place. Vous ne foncerez pas la tête la première dans le moindre conflit.

Je conseille vivement la méditation à ceux qui envisagent un changement de vie. Faire le vide pour prendre du recul avant de choisir une option. La méditation est une sorte d'apprentissage dans l'acceptation de soi et l'indifférence au jugement des autres. L'exercice permet de chasser les pensées négatives et de réduire les risques de dépression, voire à les traiter. Des thérapies reconnues intègrent la méditation dans leur clinique de la dépression. C'est le cas de la Mindfulness Based Therapy, un parcours de six semaines que j'ai suivi à Los Angeles dans une phase dépressive. J'y ai acquis un certain discernement sur moi-même. D'exercice en exercice, de concentration sur un instant, puis l'instant suivant, puis l'autre, et l'autre encore. Petit à petit, on en vient à se concentrer sur le moment présent, sur ce qui va bien dans ce petit laps de temps. David, prêtre zen et directeur du centre BodyMindRetreat situé à une heure de New York, est revenu souvent sur le fait que la méditation permet de saisir, à chaque moment de la journée, un ou des moments merveilleux. Il suffit de s'y abandonner.

La méditation développe un monde en soi, un espace où advient votre voix intérieure, la visualisation et la différenciation de vos pensées. Je ne saurais que trop vous suggérer cette pratique : moyen unique de vous éclairer avec votre propre lumière, de transcrire votre musique, vos mots, sur une page blanche, ou un écran vierge !

Time to be happy

1. La respiration

On remplit son ventre d'abord d'air en inspirant, c'est souvent le contraire de ce qu'on fait naturellement. Sans réagir, on observe toutes les pensées qui arrivent, oet on se reconcentre sur la respiration 5 minutes par jour. Cet exercice est autant un exercice de concentration que de méditation.

2. Le corps

Lorsque ce premier exercice est devenu facile, on peut l'étendre sur toutes les parties du corps. Une par une on se concentre sur celles-ci… Sur ses doigts de pied, sur son talon, sur sa cheville, son genou, etc. Tout en continuant la respiration profonde par le ventre.

3. La cohérence cardiaque

On se concentre sur un visuel et puis on inspire. On expire ensuite le même nombre de secondes, 5 ou 10. Le Net regorge de petits exercices de cohérence cardiaque, laissez-vous guider !

4. La méditation contemplative

Recueillir, le temps d'une méditation, tous les sens, les couleurs, les saveurs d'un objet précis. On regarde toute la beauté d'un objet, cela peut être une fleur, un grain, une table…

5. La méditation citation

On se concentre sur des méditations qui nous parlent… Pour moi, par exemple, une de Nelson Mandela, « Soit je gagne, soit j'apprends, je ne perds jamais », et une de Mohammed Ali, « Si tes rêves ne te font pas peur, c'est qu'ils ne sont pas assez grands. »

Si vous désirez aller plus loin, rejoignez un groupe MBSR (Mindfullness Based Stress Reduction).

8 L'INTELLIGENCE ÉMOTIONNELLE, ET LES AUTRES...

> « *Les gens oublieront ce que vous avez dit,*
> *ils oublieront ce que vous avez fait,*
> *mais n'oublieront jamais ce que*
> *vous leur avez fait ressentir.* »
>
> Maya Angelou

On parle beaucoup d'intelligence artificielle aujourd'hui, mais connaissez-vous votre propre intelligence émotionnelle? Une approche mise en lumière et théorisée par Daniel Goleman en 1995 me paraît intéressante. Elle rejoint l'idée d'une force motrice dans notre capacité au bonheur, pro et perso, qui relève bien du ressort et du champ d'intervention du CHO que je suis. Daniel Goleman répartit l'intelligence émotionnelle en cinq champs : la conscience de soi, la maîtrise des émotions, la motivation, l'empathie et la capacité à entrer en relation avec autrui...

Une question récurrente aux États-Unis résume les enjeux liés à notre QE (quotient émotionnel) : *« Are you not home in this job, this career, this marriage or are you just not home with yourself ? »* Autrement dit, si vous avez envie de tout changer pour aller mieux, ce qui se comprend, est-ce que vous ne pourriez pas inverser la perspective et essayer de vous changer vous-même ? Ou, tout au moins, essayer de mieux vous comprendre vous-même. Cela commence par analyser vos réactions, en chaque domaine et en toutes circonstances. Est-ce qu'on prend le temps de la réflexion avant de réagir ? Ou est-on toujours en mode « réaction » ? Prendre en compte l'intelligence émotionnelle, c'est aussi apprendre à gérer et à maîtriser nos émotions, se connaître, prendre un peu de hauteur, bref dégager un peu du « Bouddha » en soi...

Ce n'est pas si facile, et on ne naît pas toujours avec un gros QE. Moi-même, je ne suis pas véritablement quelqu'un de « toujours zen ».

Il m'arrive encore de claquer des portes, de m'emporter ou de prendre des décisions trop rapides. Mais j'ai intégré la nécessité de passer en mode « proactif » plutôt que réactif. Aujourd'hui, j'anticipe mieux mes réactions, mes émotions et celle des autres. J'essaie de rester constructif, plutôt que de partir à l'assaut, devant une contrariété en ligne de mire. Cet apprentissage d'une meilleure maîtrise de nos émotions est fondamental dans nos interactions, comme dans notre vie intérieure. Les montagnes russes de nos humeurs ne sont pas un ticket gagnant sur la route du bonheur !

La compréhension intellectuelle d'une situation, d'un conflit ne suffit pas. Nous devons prendre conscience de nos affects et tenter de les analyser. La négociation entre les composantes rationnelles et émotionnelles de notre intelligence s'affine avec le temps, comme les bonnes bouteilles de vin. Nous finissons par mieux appréhender nos points forts, nos failles émotionnelles, et les circonstances qui provoquent la violence de nos affects, notamment la peur, la plus forte et la plus fréquente des émotions négatives. En vous exerçant, vous définirez mieux s'il s'agit d'une menace véritable – auquel cas une réaction s'impose, ou d'une pure production de l'imaginaire, légère ou massive.

Une fois que vous décidez de progresser dans ce domaine, votre regard sur la vie va se modifier. Vous apprendrez à clarifier les situations floues et à inclure davantage les autres dans vos réflexions et perspectives. En Suède, la recherche permanente du consensus a même un nom : le *förankringsprocessen*. Ce processus implique la participation du groupe à chaque décision. L'environnement de travail est ainsi apaisé.

Time to be happy

✓ Avez-vous repéré une émotion qui vous rend la vie difficile ? Est-ce chaque fois la même ? D'où vient-elle ?

....

....

✓ Quelles sont les émotions négatives que vous devriez combattre ?

....

....

✓ Quelles sont vos peurs récurrentes ?

....

....

✓ Devez-vous changer totalement votre univers, métier, pays pour vous réinventer ou pouvez-vous vous consacrer à un travail sur vous-même, avec ou sans un thérapeute ?

....

....

9 LA CRÉATIVITÉ ET L'INNOVATION : LES CLÉS DE VOTRE BONHEUR !

> « *Dans chaque enfant, il y a un artiste. Le problème est de savoir comment rester un enfant en grandissant.* »
>
> Pablo Picasso

Chacun devrait considérer la conduite de sa propre vie comme la réalisation d'une œuvre d'art. Devant nous, vous et moi, s'étend un canevas blanc. Le tissage, les dessins, les signes que nous allons élaborer seront l'écriture de chacune de nos vies. Pour un enfant, tous les rêves sont permis, toutes les questions sont intelligentes et toutes les solutions sont bonnes ! L'enjeu, c'est de retrouver cet esprit d'enfant, jouant tour à tour le super héros, le pompier, le shérif ou l'Indien, se posant 100 questions par jour et en désordre. Au début de notre vie, le monde était infini, ouvert, à déchiffrer, comme un grand terrain de jeu et de découverte.

Souvent, nos systèmes scolaires abîment ces premiers élans. Puis la vie, et son cortège de contraintes et de responsabilités, se charge de finir le travail, et on se surprend un jour à ne plus rêver, ni imaginer.

Je pense au contraire que nous ne devons pas cesser de chercher nos voies pour « réenchanter le monde », c'est-à-dire réactiver notre part de joie de vivre et de bonheur. L'imagination, la curiosité et la créativité sont les premiers leviers à actionner. Autant de muscles qui se fortifient dans l'exercice.

Devenus adultes, nous disposons d'une quantité d'outils pratiques intellectuels, décuplés aujourd'hui par la numérisation, pour donner naissance à nos rêves. Plus besoin de courir les bibliothèques pour vous informer, mais d'un simple clic sur votre écran personnel.

La conjonction de tous ces paramètres ouvre largement le champ des possibles. Certains bâtissent de nouveaux empires. Google, Twitter, Facebook ont été inventés par des originaux de Californie. Une multitude de niveaux et de champs d'intervention sont permis. Nous mesurons mal les activités de nos enfants dans trente ou quarante ans.

Il me paraît important que nous gardions ouvertes les portes du rêve, que nous soyons toujours plus créatifs. La rêverie, la flânerie, le fait de laisser aller et venir les pensées librement, d'échanger gratuitement avec les autres, pour le plaisir de l'échange, peuvent constituer de fructueux moments de ressourcement.

Les Romains appréciaient cet état d'oisiveté qu'ils nommaient l'« *otium* ». Plus près de nous, Thomas Edison avait l'habitude de jouer avec une balle, allongé sur son divan. Au final, il a déposé plus de 200 brevets.

Trouvez votre rythme. Certains privilégient le calme. D'autres sont plus créatifs sous pression. L'urgence et l'adrénaline sont les indispensables moteurs de créativité pour d'autres. À vous de choisir votre méthode, en essayant de saisir et de mémoriser le cadre et l'environnement où sont nées vos meilleures idées.

Lorsque les idées ont jailli, surtout notez-les, car vous risquez de les oublier. Adam Grant, chercheur à Harvard en psychologie organisationnelle, explique, dans son TEDTalk « Les habitudes surprenantes des penseurs originaux » (disponible sur YouTube), que plus les gens étaient créatifs, plus leur période d'incubation avait été lente. Ensuite venait le besoin de formulations écrites, d'expressions ou de mise en pratique de ce qui avait été conçu pendant une plus ou moins longue période. Toutes les grandes idées, toutes les grandes innovations naissent ainsi, par couches successives, par expérimentations, par tâtonnements. Souvent elles dérivent du projet initial. Les start-up identifient ainsi le « pivot », le moment où l'on réalise que les attentes du marché sont souvent légèrement à côté de ce que l'on avait imaginé. Lorsque je travaillais dans un incubateur en Afrique du Sud, 88 Mph, j'ai pu observer que les start-up pivotaient au bout de deux mois d'existence, en moyenne. Celles qui s'obstinaient un an mettaient la clé sous la porte !

Souvent, la créativité, c'est de juxtaposer deux domaines qui ne se connaissent pas : en 2010 avec les French Tuesdays à Tokyo, nous avons mélangé ambiance française, raffinement japonais et éclectisme international et avons créé les plus belles soirées de Tokyo où se pressaient des hommes politiques, des mannequins. Il y avait de la magie dans l'air. Idem pour mes Happy Hacking Days à Lille, en France. J'ai utilisé la méthode du hackathon issue du monde plus fermé des ingénieurs et développeurs des industries high-tech pour l'appliquer à la question du bonheur en incluant des comiques et des spécialistes du bonheur rassemblés le temps d'un week-end. Une énergie créative palpable régnait dans l'air.

Lors d'une période de création, qu'elle soit intellectuelle ou pratique, il est important de laisser advenir le *flow*, ainsi identifié et formulé par Mihaly Csikszentmihalyi, psychologue hongrois professeur aux États-Unis. Il s'agit d'un état d'intense concentration, dans lequel on est si immergé que les idées abondent et foisonnent. Cet état est très proche du bonheur, pour ce père de la psychologie positive. On y écarte toute comparaison et peur de l'échec. Les mauvaises idées passent à la trappe. Seuls survivent les moments forts. Il ne faut pas hésiter à être naïf comme le suggère Spielberg, vrai créatif lui-même : « Un bon créatif est quelqu'un qui n'a pas peur du ridicule. »

En France il me semble que la peur du « qu'en-dira-t-on » est particulièrement aiguë.

Commencez donc à exercer votre créativité sur les sujets qui vous inspirent. Dans votre société, votre rôle est de susciter dans des équipes professionnelles des processus créatifs. Il faut d'abord créer un espace de bien-être où la créativité est respectée, rappeler la règle du non-jugement, arriver à un premier prototype et enfin mettre en place un écosystème d'open innovation. Pour cela, il convient d'inviter des intervenants de différents domaines, de créer de la diversité, d'encourager l'autonomie de chacun. À la clé surgiront de belles surprises !

Dans le cours de Chief Happiness Officer que j'ai créé récemment pour EI Technologies, en France, j'ai invité des coachs très divers : Marc-Antoine Hamet utilisant la peinture, une jeune femme, Aurélie Jean, parlant de Transformation analytico-digitale, ou Nicole Marty, professeur américaine de yoga exerçant à Paris. Introvertis, extravertis, jeunes ou moins jeunes, parcours académiques ou autodidactes. Mon but était de montrer un cocktail d'approches, de ruptures, de langages, de diversité, comme autant d'ingrédients pour la créativité.

Nous vivons un moment critique, probablement un changement de paradigme, c'est un instant clé : le *kaïros*, comme disaient les Grecs anciens. C'est-à-dire un moment où tout est possible. Le monde de l'entreprise innove toujours plus. La créativité se fait nécessité. Google offre une demi-journée par semaine à ses employés pour réfléchir à leurs projets, à condition que cela puisse servir l'entreprise... un jour.

Les cellules innovation sont de plus en plus actives, au sein des groupes industriels. Dans ce contexte, les CHO doivent se positionner et appréhender la diversité des méthodes de créativité : brainstorming, design thinking, mind mapping.

En 2017, IBM a pratiquement vendu tous ses bureaux à New York. Parmi les raisons invoquées, celle de multiplier les espaces de coworking qui permettraient de développer les créativités. L'innovation constante est une nécessité pour demeurer performant dans un univers implacablement concurrentiel. Ce n'était pas du coup le cas, il y a quinze ans. Bientôt nous pouvons imaginer un monde ou la créativité sera aussi reconnue que la finance ou le marketing. Il y a déjà de plus en plus de Chief Innovation Officer.

Gregg Fraley n'hésite pas à dire que vous pouvez passer votre vie à regarder vos écrans, sans utiliser votre imagination ou faire acte d'imagination. À vous de choisir. Maya Angelou constate elle aussi : « Vous ne pouvez pas épuiser votre créativité, plus vous l'utilisez, plus vous en avez. »

L'humour est un excellent terrain pour la créativité. Un jour, nous cherchions un prénom pour mon filleul, avec la famille de ma femme. J'ai lancé presque en boutade « Aspen » du nom de la station de ski du Colorado. Le grand-père, en vrai chef de famille, a aimé et décidé. Le petit Aspen a maintenant 5 ans...

Et puis créer peut prendre du temps. Léonard de Vinci a mis seize ans pour peindre sa *Joconde*, mais quel résultat !

Time to be happy

✓ Réfléchissez : où et quand avez-vous eu vos meilleures idées. En groupe, dans la nature, dans votre douche, à votre bureau ?

....

....

....

....

✓ Pensez à unifier deux domaines qui n'ont *a priori* rien en commun.

✓ Achetez un cahier ou notez ici vos idées au fur et à mesure, comme Larry David de la série télévisée américaine *Curb your Enthusiasm.*

....

....

....

....

....

- ✓ Laissez reposer.
- ✓ Relisez-les, et commencez à en parler avec des proches choisis. Choisissez les constructifs, les positifs. Fuyez les autres.
- ✓ Créez ce que l'on appelle un MVP *(Minimum Viable Product)*, c'est-à-dire la plus petite maquette possible.
- ✓ Lisez des ouvrages sur le design thinking.
- ✓ Intégrez les feedbacks qui ont du sens.
- ✓ Je vous recommande également de lire Julia Cameron, *Libérez votre créativité*, J'ai lu, 2017.

10 QUAND LES HABITUDES DEVIENNENT CONSTRUCTIVES

> « *L'excellence est un art que l'on n'atteint que par l'exercice constant. Nous sommes ce que nous faisons de manière répétée. L'excellence n'est donc pas une action, mais une habitude.* »
>
> Aristote

Changer, de vie, d'objectif, de valeurs et de paradigme, c'est en soi l'affaire d'une vie ! Au départ, il y a bien sûr un constat et un besoin urgent de changement. Puis viennent l'idée, puis la volonté, puis enfin la recherche des conditions du changement… Et c'est là qu'il faut un surcroît de volonté, pour faire advenir ces fameux changements.

Déjà, à ce point, si votre démarche est le reflet d'un réel besoin, le temps passé se compte en mois, mais la marche du changement réel est haute et ne se franchit pas en une seule foulée ! Et les semaines passées à se plaindre de son sort, à dire : « Faut que ça change ! », si elles sont normales et bénéfiques (jusqu'à un certain point), ne rentrent pas dans le décompte du temps passé à changer.

C'est ici que les habitudes, voire les routines (dans le sens anglais du terme, moins péjoratif que le français), constituent une discipline vitale pour évoluer en profondeur, petit à petit. On le sait tous, bien sûr : il vaut mieux un peu d'exercice – mental, physique ou manuel – tous les jours que de brusques accès sporadiques, une fois de loin en loin, qui risquent : a) de vous faire saturer ; b) de vous blesser ; c) de vous lasser. C'est la raison pour laquelle les bonnes résolutions de nouvelle année ne dépassent pas souvent les quinze jours : vouloir changer trop, et trop brutalement, c'est le meilleur moyen de ne pas durer !

C'est pour cela qu'il vaut mieux viser à sa hauteur : cinq minutes de sport par jour, ce n'est pas la mer à boire, et cela crée l'envie. Ainsi, j'arrive à pratiquer le sport régulièrement – et je le recommande à tous : l'habitude, en sport, s'appelle l'« entraînement », et on peut rapidement se voir progresser à tous les âges de la vie... et cela fonctionne de la même manière pour l'apprentissage d'une langue, d'un métier, ou d'une nouvelle faculté.

Si donc vous souhaitez réellement changer, vous imposer cette discipline de cinq minutes d'apprentissage ou d'exercice par jour dans un domaine constitue un premier pas, et un premier test ! Progresser en anglais, faire cinq minutes de méditation, faire des assouplissements et du gainage, apprendre et approfondir tel ou tel sujet, professionnel ou personnel : tous les domaines, tous les sujets sont bons.

Il suffit – et c'est bien sûr plus facile à écrire qu'à faire – de se décider, puis de commencer, régulièrement progressivement, en se forçant à améliorer son geste à chaque répétition... jusqu'à atteindre l'excellence aristotélicienne mentionnée dans la citation d'ouverture de ce chapitre. C'est également cette fameuse règle des 10 000 heures édictée par Malcolm Gladwell, dans son best-seller *Outliers*[1] : dans ce livre, éminemment recommandable, de développement personnel, l'auteur rappelle un fait évident. Un guitariste, un tennisman n'atteignent pas les sommets de leur art sans un travail acharné et quotidien, pendant au moins... 10 000 heures, évidemment !

Au fil du temps, vous progresserez dans le domaine que vous vous serez choisi : n'hésitez pas à impliquer un de vos proches dans la démarche, et à demander un feedback sur vos progrès... et sur ceux qu'il vous reste à faire ! Outre les bénéfices sur votre pratique que cette vision externe apporte – à deux, c'est mieux ! –, cette interaction constitue également

1. Penguin Press, 2008 – Non traduit en français.

une bonne incitation à continuer sa pratique : notre pente naturelle est bien plus à l'inaction qu'à l'action, et surtout lorsque les premières difficultés, les premières marches à franchir surgissent...

Timothy Ferriss, le fameux auteur de *La Semaine de 4 heures*[1] rappelle à cet égard, lors d'un TEDTalk, une bonne question à se poser : faites la liste des conséquences des actions que vous ne faites pas ! C'est ce qu'il appelle le « coût de l'inaction », et l'écrire noir sur blanc permet de visualiser l'importance de s'astreindre à une discipline, dans tous les domaines... Ainsi que le disait Edison, « le talent, c'est 1 % d'inspiration et 99 % de transpiration ».

1. Pearson, 2010.

Time to be happy

✓ Quelles sont les choses que vous pouvez faire chaque jour qui vous permettront d'atteindre vos objectifs ?

....

....

✓ Écrivez noir sur blanc les raisons (j'oublie, je procrastine, je manque de rigueur…) qui vous poussent à établir une discipline. Dans votre vie personnelle et dans votre vie professionnelle.

....

....

✓ Quelles sont les mauvaises disciplines (régimes trop stricts, emploi du temps manquant de souplesse…) qui au cours du temps vous ont coûté ?

....

....

11 SYNCHRONICITÉ ET SÉRENDIPITÉ : ATTENTION AUX SIGNES !

> *Quand tu veux vraiment quelque chose, tout l'Univers conspire à te permettre de réaliser ton désir.*
>
> Paulo Coelho

Les synchronicités, découvertes par le psychanalyste Carl Jung, c'est-à-dire ces petits événements qui font sens entre eux sans pour autant avoir l'air reliés, à première vue, sont partout. Faites attention, ce sont des signes de la vie. Ce sont les «*divine moments*» comme disent les milieux spirituels américains. On peut les appeler des coïncidences, des hasards... mais le sont-ils vraiment?

Quant à la sérendipité (fade traduction du néologisme *serendipity*, inventé par le poète américain, Horace Walpole), c'est « l'art de trouver ce que l'on ne cherche pas en cherchant ce que l'on ne trouve pas » (selon la définition de Philippe Quéau, essayiste français). Quelques exemples de sérendipité célèbres : la découverte des Amériques par Christophe Colomb qui cherchait les Indes ; l'invention de la tarte Tatin par les sœurs éponymes, lesquelles voulaient juste réparer une grosse bêtise (une tarte renversée – même sérendipité que les Bêtises de Cambrai) ; la découverte du champagne par des moines ! On appelle cela parfois « la découverte heureuse » en France, etc. Autant d'exemples fameux, mais toutes nos vies en sont parsemées, si l'on sait les voir !

Lorsque nous sommes alignés avec nous-mêmes, que nous savons vraiment ce qu'on veut, qu'on y travaille, qu'on vit ce que nous sommes, que nous incarnons nos valeurs… on rencontre les personnes qu'on devrait rencontrer, on s'associe avec les bons partenaires. Est-ce la chance ou s'agit-il d'autre chose ? Dans le doute, j'ai pris le parti d'être vraiment conscient et reconnaissant de ce que l'univers m'apporte : toutes sortes de choses qui nous facilitent la vie exactement au moment où on en a besoin. Comme l'écrit Paulo Coelho, un auteur qui m'inspire au quotidien, «quand tu veux quelque chose, tout l'Univers conspire à te permettre de réaliser ton désir[1]». Une philosophie de vie 100 % positive, qui nous permet à tous d'aller de l'avant, et d'apprendre à voir tous les signes, les moyens et les gens qui

1. Paulo Coelho, *L'Alchimiste*, Anne Carrière, 1994.

pourront nous aider à accomplir nos projets et à nous accomplir personnellement !

Dans mon parcours, l'univers a souvent conspiré à me permettre de réaliser mes aspirations : en 1993, je postulais à une école d'un niveau plus élevé que le mien, et j'ai été interrogé par hasard sur le Japon, où je venais de passer un an. Idem en 2009, où j'ai obtenu une bourse d'études d'un an en Chine, où l'un des membres du jury était également passionné du Japon… Rebelote en 2008, où l'un de mes meilleurs amis voulait changer de vie, et a donc financé une partie de mon film *Little Klaus Big World*, pour devenir producteur, et m'aider à chercher des financements… au Japon, décidément !

À partir du moment où j'ai décidé d'écouter mes envies et mes rêves, je suis devenu sensible aux signes, aux indices et aux petites pierres que le destin sème sur notre chemin. Et puis, l'âge et l'expérience aidant, je me suis également ouvert aux signaux contraires : je crois fermement que la synchronicité peut s'inverser, et l'Univers en entier peut également conspirer contre un projet… Reste également à savoir s'incliner !

Enfin, un dernier point d'ordre pratique : les signes sont partout, mais il faut aussi être là ! Les rencontres que j'ai pu faire m'ont permis de faire avancer mes projets, mais j'étais également présent aux moments et aux endroits où il fallait être, et à 100 % investi dans mes idées. N'hésitez donc pas à vous faire connaître, à parler de vous et à faire parler de vous dans les milieux que vous ciblez, et à prendre part aux différents événements de la communauté !

Time to be happy

✓ Soyez conscient des signes, positifs ou négatifs, qui se regroupent dans votre vie et notez-les.

....

....

....

....

....

✓ Recherchez dans votre passé ces moments où les synchronicités se sont révélées d'excellents guides de ce qui allait se passer.

....

....

....

....

....

12 CONFIANCE EN SOI : UNE CONSTRUCTION PERSONNELLE ET PERMANENTE

> « *Il faut avoir une musique en soi pour faire danser le monde.* »
>
> Friedrich Nietzsche

Je ne connais pas le pourcentage exact de personnes qui naissent avec une confiance en eux-mêmes inébranlable ; c'est bien souvent le résultat d'une enfance choyée, voire couvée, ainsi que de qualités psychologiques innées, un certain ADN. Mais pour les autres, la grande majorité d'entre nous, ceux qui doutent d'eux-mêmes, de temps à autre, parfois, ou la plus grande partie du temps ? Comment se construit-on ? Comment développe-t-on cette force qui amène à être capable d'entreprendre n'importe quel projet, ou presque ? Pas de panique, les méthodes existent !

Pas à pas. Je répète : pas à pas. Rien de sorcier.

À 16 ans, l'âge de tous les doutes, je suis parti un an dans une *high school* américaine, au fin fond de la Géorgie. Je n'arrivais pas à être moi en France. Beaucoup de choses positives et négatives s'y sont passées, cela n'a pas été la plus belle année de ma vie, et j'aurais besoin d'un autre livre pour la décrire, jusqu'à ce que je tombe par hasard sur un petit livre rouge (pas celui de Mao, un autre !) : *Anyone Can Become a President*, qui livrait quelques conseils pour se construire petit à petit. Cela a été un déclencheur pour moi. Cette Amérique pour laquelle réussir et surtout devenir ce que l'on est à la portée de tous. C'était ma première rencontre avec l'esprit américain, si différent de notre mentalité française. Mais pourtant, c'est possible : Ronald Reagan, Barack Obama, Bill Clinton ou même Arnold Schwarzenegger n'étaient pas issus du sérail, ni même du pays, dans le cas du dernier, et ils sont pourtant arrivés au sommet.

La confiance en soi se construit, étape par étape, brique par brique. On trouve quelque chose que l'on aime bien, qu'il s'agisse d'une matière, d'une aptitude, d'un sport ou d'une activité. Puis on progresse, on devient bon, et on reçoit quelques compliments, d'amis, de parents, ou d'une communauté, et parfois même des applaudissements... et voilà notre confiance en soi qui émerge, se renforce et se consolide ! C'est un «*work in progress*» permanent, il faut constamment veiller sur elle, capitaliser bien sûr sur la reconnaissance et le jugement des autres (lorsqu'on leur demande !), et prendre le relais soi-même en cas de besoin : l'auto-congratulation, lorsqu'elle est méritée, est capitale. Comme un tennisman qui se remotive en cours de partie, ce sont ces messages personnels qui vont nous aider à développer notre confiance en soi, ou au contraire à la détruire. Le soir venu, il faut se féliciter pour ce que l'on a réussi, et réfléchir à la manière dont on aurait pu faire autrement ce qui n'a pas fonctionné...

Mais ce n'est qu'un levier parmi d'autres: il faut également apprendre et progresser en permanence, apprendre à se lever pour faire entendre sa voix, aller toujours à la rencontre des autres. Et petit à petit, comme un muscle bien entraîné, votre confiance en vous-même se fortifie, se développe et s'assouplit. On devient plus sûr de soi, sans pour autant se sentir infaillible, mais on développe cette fondation mentale qui amène à voir d'abord le verre à moitié plein.

Une fois les fondations posées, c'est un cercle vertueux qui se met en action ! C'est notre confiance en nous-mêmes qui attire les autres vers nous, qui les amène à rechercher notre compagnie, et à vouloir s'associer à ce que nous sommes. Ainsi que l'expose Simon Senek, le célèbre conférencier, dans l'un de ses TEDTalk (visionné plus de 10 millions de fois), « les gens ne viennent pas à nous pour ce que l'on propose, mais pour ce que l'on est à l'intérieur ».

On ne vit pas seul. Et si l'enfer, ce n'est pas toujours les autres, il convient d'être vigilant lorsque l'on cherche à se réinventer. Même lorsque tout va bien, les erreurs, volontaires ou involontaires, d'interprétation, voire les mauvaises intentions, ne manquent pas, et nombreux sont ceux qui s'attendent à vous voir vous planter : non pas qu'ils le souhaitent forcément, d'ailleurs, mais beaucoup de monde pense de manière négative. Méfiance donc, et protégez vos bonnes ondes.

Face aux autres, et même pour soi, un peu de méthode Coué ne nuit pas ! Ou, comme le dit le proverbe américain : *« Fake it until you make it ! »* À force d'(auto)persuasion, vous affinerez, d'une part, votre projet, et il occupera une place de plus en plus importante de votre esprit, et de votre motivation ! Nous sommes tous des êtres humains, et notre confiance en nous-mêmes fait des hauts et des bas. Pour moi, le deuxième semestre 2013 a été difficile à mon retour d'Afrique du Sud : j'avais découvert ce métier de Chief Happiness Officer, mais les doutes m'habitaient... Était-ce vraiment pour moi ? C'était réalisable en Afrique, mais le faire ici, en Occident ? J'allais avoir 40 ans. Était-ce bien sérieux ?... J'ai envoyé quelques CV, j'ai hésité à retourner dans le cinéma. Je ne savais pas... J'ai dû travailler dur et me forcer à rentrer dans mon chaos intérieur pour y extirper quelques envies... En effet, je n'arrivais plus à me considérer objectivement et à m'appliquer les trois principes fondamentaux : 1) même dans les moments les plus sombres, se dire que l'on n'est pas si mal ; 2) se rappeler que l'on a réussi des choses dans le passé ; 3) les choses finissent toujours par aller mieux (pas nécessairement là où l'on s'y attendrait, c'est une autre loi… celle de l'énigme de la vie).

Outre la remémoration de ces trois mantras indispensables, un passage à vide, professionnel ou personnel, est un moment propice pour changer, bouger, et choisir de se lancer dans un nouveau domaine et peut-être de nouvelles performances. Que ce soit un défi sportif, un projet de construction ou même le modélisme, tout accomplissement acquiert une nouvelle visibilité pour vous et aux yeux des autres. Le challenge relevé regonfle votre amour-propre et votre confiance en vous-même. Et ça, c'est parti, il faut en profiter, il faut manger la vie et utiliser ce momentum retrouvé !

Time to be happy

✓ Pratiquez votre autobienveillance.

✓ Écrivez vos mini-succès et rappelez-vous chaque soir les choses pour lesquelles vous êtes reconnaissant, à vous-même et aux autres !

....

....

....

....

✓ Créez votre équipe de mentors virtuels : choisissez une liste de personnalités qui vous inspirent dans le monde, et organisez un dîner virtuel avec elles. À titre d'exemple, mon plan de table inclut : JFK, Gérard Depardieu, Leonard de Vinci et Steve McQueen... Puisque c'est chez vous, autant viser haut !

....

....

....

....

13 LA VULNÉRABILITÉ : SIÈGE DU COURAGE

> « *La vulnérabilité n'est pas une faiblesse. Et ce mythe est extrêmement dangereux.* »
>
> Brené Brown

Notre manière de penser nos vies et nos carrières est fondée, pour beaucoup d'entre nous, sur une croyance absolument fausse. En effet, nous pensons que seuls les plus forts, les plus durs réussiront, et nous sommes éduqués dans un système compétitif, extrêmement formaliste, excluant les émotions et les singularités. On nous demande même de cacher le plus possible ses émotions, ses sentiments, voire ses croyances. La vulnérabilité affichée n'est pas sans susciter la violence des caïds dans l'univers scolaire. Donc, très tôt, chacun adhère à ce schéma de pensée largement partagé. La vulnérabilité est considérée comme le contraire de la force, une faiblesse à dissimuler aux yeux de tous, et surtout à soi-même.

Or, la vulnérabilité n'est pas la faiblesse. La vulnérabilité est le berceau de l'amour, de l'empathie et du courage. Mais il faut faire un long chemin pour le comprendre enfin. Explications, avec Brené Brown ! Cette célèbre chercheuse, dont la conférence TED sur le pouvoir de la vulnérabilité totalise des dizaines de millions de vues, a consacré douze ans de recherches à identifier et à analyser ce sujet méconnu. Pour elle, ce n'est pas ce que l'on appelle une émotion négative, mais ce n'est pas non plus une émotion légère et positive… La confusion naît de ce qu'on la considère sur le même plan que des émotions négatives, telles que la peur, la honte, le chagrin, la tristesse, que l'on ne veut pas reconnaître, même quand elles affectent profondément nos décisions et nos actions. Et qu'elles ne sont d'ailleurs pas toutes comparables : la peur, par exemple, est un garde-fou incontournable, et le vrai courage, c'est bien d'avoir peur, et d'y aller quand même !

L'étymologie du mot « vulnérable » nous éclaire : il vient du latin « *vulnerare* » et signifie deux choses : 1) qui peut être blessé ; 2) « susceptible d'être blessé, touché, d'un point de vue moral ou physique »… Comme souvent, on s'arrête au premier sens, et on en oublie la deuxième acception, nettement moins manichéenne : être touché, ce n'est pas être blessé ! On est touché par ce que l'on ressent, et par toutes les émotions qui font envie. L'amour, l'intimité, la joie, le courage, l'empathie, l'authenticité n'existent que lorsqu'elles nous touchent au plus profond de nous-mêmes. Et pour qu'elles agissent, il nous faut nous ouvrir, et donc accepter le fait que nous soyons vulnérables. C.Q.F.D.

C.Q.F.D., mais, comme tout, c'est plus facile à écrire qu'à faire ! Et surtout dans une société, notamment professionnelle, où le fait de ressentir devient quelque chose de louche, et en tout cas, de non professionnel... À une époque où le mail ou le SMS tiennent souvent lieu de rapports humains, on imagine bien que le sentiment n'a pas lieu d'être, alors, la vulnérabilité, vous pensez !

Mais pourtant, reconnaître sa vulnérabilité est bien la première preuve – et condition – du courage. La vulnérabilité, c'est la vérité, et cela a bien plus à voir avec le courage qu'avec la faiblesse : ce n'est d'ailleurs pas toujours confortable, et c'est un vrai cheminement intérieur que d'accepter de se mettre à nu ainsi.

La vulnérabilité, c'est oser se mettre à nu, laisser advenir – et transmettre – des émotions et donc prendre des risques, affectifs entre autres. C'est montrer ses travaux personnels pour une première fois ; c'est prendre ses responsabilités plutôt que de chercher à s'en défausser ; c'est enlever tous ses masques, et espérer que son moi intérieur n'est pas trop décevant...

En tant que CHO, lorsque je cherche à avancer sur la voie de mon bonheur, la reconnaissance, l'acceptation, et même le renforcement de cette vulnérabilité est une dimension essentielle de notre mission. La mienne, mais aussi celle des autres, afin de les rendre plus forts ! Dans toutes mes missions, où je raconte sur scène mon parcours de vie, mes différentes expériences et les éléments qui m'ont amené à devenir CHO, j'expose ma propre vulnérabilité, et mes accidents de vie. Ainsi, je ne cache jamais mes épisodes de dépression dont je parle plus haut, où psychologiquement j'ai touché le fond, surtout celui de 2010 où j'ai mis six mois à revoir un peu la lumière. Cet épisode, *a posteriori*, m'a réellement construit, et me sert aujourd'hui à illustrer ce qu'est notre vulnérabilité. Je ne me levais du lit que pour aller faire du sport. Parler de vulnérabilité est dans 90 % des cas un moment clé des sessions que j'anime. En se livrant, on emporte l'adhésion, voire mieux, l'empathie de beaucoup ! Et chacun entrevoit à ce moment ce que mon rôle de CHO implique. Il ne s'agit pas seulement de créer des fêtes, comme on le pense trop souvent, mais bien de libérer ses émotions, et ce à divers échelons.

Cette mise à nu de chacun, cette acceptation de nos vulnérabilités, constitue pour moi l'aspect le plus important, et le plus intéressant de mon métier. «Stand up for Passion», est d'ailleurs construit autour de cette quête. Les 126 speakers que j'ai coachés et amenés à raconter leur parcours, après plusieurs sessions de coaching de groupe d'« accouchement » et d'écriture, en sont tous ressortis plus forts, et pour beaucoup transformés! Tous n'ont pas hésité à dévoiler leur vulnérabilité et donc à faire preuve de courage.

Time to be happy

✓ Qu'est-ce que la vulnérabilité pour vous ?

....

....

....

✓ Que cherchez-vous à cacher ?

....

....

....

✓ Dans votre entourage, qui avez-vous vu s'exposer à la vulnérabilité et en être touché positivement ?

....

....

....

✓ Comment pouvez-vous commencer tout doucement à être vulnérable ? Quand ?

....

....

....

14 APPRENDRE ENCORE ET TOUJOURS

> *Apprendre sans réfléchir est vain.*
> *Réfléchir sans apprendre est dangereux.*
>
> Confucius

L'apprentissage ne s'arrête pas à 22 ou même à 25 ans ! L'illusion trop partagée est de croire qu'un diplôme de grande école nous permet d'accéder à une compréhension plus rapide des choses et du monde. Par ailleurs, l'expérience seule ne nous donne pas non plus cette compréhension supérieure. Toute la vie, il faut se maintenir en position d'apprendre, dans toutes les configurations, dans toutes les dimensions, de la vie ou de cours ici ou là. Tout d'abord, il faut maintenir sa curiosité et sa vivacité d'esprit. C'est une vraie hygiène de vie à conserver, afin d'être prêt pour le moment où il est nécessaire de changer et selon un certain théorème: préparation + opportunité = chance à saisir ! Par exemple, je rêve en ce moment d'aventures spirituelles en Mongolie, ou au Brésil. Et pour ces objectifs, je reste en alerte en permanence, lisant tout ce que je peux sur les sujets et en rencontrant les experts de ces pays. Ainsi, je serai prêt à sauter sur la première opportunité. Apprendre doit devenir une drogue, je pense. Surtout dans ce monde qui change. J'apprends, j'apprends, je me tiens prêt !

Toutes les personnes que je connais et qui ont réussi ont toujours continué à apprendre. Lectures tous azimuts, cours à distance, MOOC, séminaires, visionnages de TEDx, One-year programs, cours du soir, tous les moyens sont bons ! En fait, toute formation, quel que soit son niveau, est bonne à prendre, car c'est une clé pour progresser. C'est important sur le CV, bien sûr, mais ce n'est pas tout. Le candidat en position d'apprenant est mis en mouvement. Cela le rend plus apte à changer de carrière, et de dimension ! C'est quelque chose d'assez courant chez les Américains, le fait de prendre des cours toute sa vie.

Et vous, que pouvez-vous apprendre dans les six mois à venir ?

La plupart des apprentissages sont utiles, bien sûr, mais il peut être nécessaire d'avoir un cadre, ou tout au moins un environnement. Certains apprennent parfois plus dans l'action et la réalisation qu'en assistant à des cours magistraux.

C'est mon cas ! Je vais peut-être vous étonner, mais j'ai beaucoup appris quand même dans certaines écoles en combinant cours en amphis, et « *experiential learning* », soit l'acquisition par l'expérimentation et l'échange comme avec Thnk.org, à Amsterdam. De même, je dois beaucoup aux *high schools* des États-Unis : les cours y sont variés, avec des mises en situation autour d'expériences vivantes. En classe de terminale, nous suivions des cours de musculation, de droit des affaires, de psychologie pratique, de santé, de création d'entreprise.

Plus on diversifie nos sources de formation, mieux on saisit ce pour quoi on est fait. Les études de stratégie dans une grande école de business m'ont fait comprendre que je n'aurais jamais la tournure d'esprit ni la patience d'un vrai businessman. Les cours en Asie m'ont donné le goût de m'initier à la politique, à la sociologie... Je me souviens qu'à 19 ans je suivais des cours de politique et de culture japonaise à Waseda University. Grâce à deux professeurs géniaux, j'ai pu comprendre et réfléchir sur un certain nombre de concepts japonais dont je parle à diverses reprises dans ce livre. L'expérience s'est renouvelée en Chine, lors d'un cursus d'un an. Le professeur de calligraphie s'énervait car je n'arrivais pas à rester dans les cases destinées aux signes. J'ai réalisé que jamais je ne pourrais me laisser enfermer dans des cases.

La capacité d'apprentissage ressemble à une pratique sportive. Elle s'entretient et la musculation s'acquiert avec la pratique, tout au long de la vie. C'est vrai pour tout le monde, dans la vie perso comme dans la vie professionnelle, et c'est une composante essentielle du métier de CHO ! Aujourd'hui, les *millenials* cherchent à apprendre un maximum de choses, et se préparent à vivre plusieurs vies. C'est aussi à moi, en collaboration avec les équipes de formation, de les aider à développer toutes leurs compétences, en plus de leur donner les clés de leur développement personnel !

Time to be happy

✓ Quelles graines d'apprentissage voulez-vous semer qui vous serviront, dans un an ou dans vingt ans ?

....

....

✓ Que vous reste-t-il à apprendre ?
Je vous recommande de jeter un œil au site Coursera.com. Vous y trouverez des centaines de cours dans des domaines très variés.

....

....

✓ Quelles connaissances pouvez-vous partager avec votre équipe ? Y a-t-il un cours qui pourrait être utile à vous et vos collègues ?

....

....

✓ À quelle bourse pourriez-vous être candidat ?
Certaines sont accessibles jusqu'à 45 ans !

....

....

15 TOUS ENTREPRENEURS !

> « *À chaque moment que je sculpte ma vie avec un ciseau, je deviens le charpentier de ma vie.* »
>
> Rumi

Être entrepreneur, c'est un état d'esprit. Devrions-nous tous créer une entreprise ? Pour Jean-Christophe Ordonneau, coach d'entrepreneurs en France, être entrepreneur signifie « être maître de son destin ». Nous retrouvons là aussi toute l'échelle des possibles. Chacun ne peut s'identifier au créateur d'une multinationale, mais il appartient à chacun de vitaliser et dynamiser ses choix et sa trajectoire professionnelle, sans craindre les accidents de parcours.

Les *success stories* sont jalonnées d'échecs, ou plutôt d'occasions d'apprentissages. Que vous soyez employé satisfait d'une entreprise, en recherche d'une nouvelle voie, ou que vous souhaitiez faire évoluer votre vie et vos buts, ce sont vos projets qui comptent car ils vous font vivre, et avancer. N'oubliez pas non plus que *seuls ceux qui ne tentent rien, n'obtiennent rien*.

Aujourd'hui, à l'ère de l'accélération et de l'innovation à tous les étages, l'époque exige de l'agilité, et sans cesse de nouveaux projets. Cette accélération me questionne. J'ai participé à plusieurs hackatons avant de monter « Happy Hacking Days ». Un objectif de ces événements symptomatiques de notre époque est la création d'un prototype répondant à une problématique économique, institutionnelle ou autre, en 48 heures. Rejoignez l'une de ces start-up week-end et expérimentez vous-mêmes ! Une centaine d'individus qui ne se connaissent pas ou si peu forment des équipes en une heure ou deux et décident de brainstormer sur un projet en deux-trois heures puis de le réaliser dans la foulée. Quelques milliers de sociétés ont ainsi été créées par ce biais, aux États-Unis et dans le monde, les jours suivant l'hackaton.

Des organisations ayant intégré ces processus créent des « intrapreneurs », qui valorisent et plébiscitent l'innovation au sein de leurs équipes. Les sociétés conservent leurs avantages dans un contexte concurrentiel et veillent à maintenir un fort taux de créativité en interne. Il s'agit de choisir les meilleurs éléments, dans une génération de plus en plus mobile et infidèle à ses employeurs. Nous pouvons distinguer cinq catégories d'« entrepreneurs ».

L'artiste d'abord. Il vit pour et par ses œuvres. Son investissement personnel est supérieur à celui du commun des mortels.

Dans la deuxième catégorie se situe, *le free-lance,* l'indépendant en français, qui gère seul sa barque. Les free-lances aux USA constituent 8 % de la population active aujourd'hui. Ils pourraient en constituer 20 à 30 % d'ici vingt ans. Si ce développement des microentreprises est lié à l'éclatement des modes de production traditionnels, il correspond aussi à de nouvelles aspirations. Concilier vie privée, vie professionnelle, trouver une voie plus personnelle, plus autonome. Une telle évolution met ces nouveaux indépendants sans filets, dans la nécessité d'un travail incessant, d'une activation constante de réseaux, et d'une capacité constante à réévaluer priorités et objectifs.

Dans la troisième catégoriese situe l'intrapreneur, qui parvient à développer son activité ou son projet au sein d'une entreprise. Le challenge ici réside dans la pertinence des projets, mais aussi dans les stratégies actives pour convaincre décideurs, supérieurs et acteurs divers de l'entreprise. Il faut bouger. Les entreprises bien gérées savent qu'elles ont intérêt à favoriser l'innovation interne et que les éléments motivés et moteurs seront appelés à évoluer favorablement.

Méfiez-vous de cette propension assez répandue à se plaindre d'un boulot, d'un manque de liberté, d'un manque d'initiatives, etc. Si votre hiérarchie vous suggère de faire telle ou telle chose, cela s'appellera une consigne. À vous de développer et proposer des idées ou solutions, voire à susciter de nouvelles modalités. N'hésitez pas à être proactif, à contribuer à un climat favorable à la prise d'initiatives. Les formules comme les concours d'innovations, défis, hackathons ou événements sportifs, sont autant d'outils pour favoriser cohésion et motivation pour l'entreprise, et pour vous-mêmes.

Quatrième catégorie *l'entrepreneur 100 % business*, c'est l'engagement d'une vie, où frissons, poussées d'adrénaline, activation des neurones, pragmatisme de haute voltige, et éventuellement rétributions sont à la hauteur des risques pris. Choisir cette voie, c'est avoir l'œil sur tout, sur chaque détail, savoir se projeter en interne, externe et dans le temps et probablement mettre sa vie entre parenthèses quelques années. Pas toujours aisé de gérer l'ordinaire, vivre, manger et dormir tout au long de l'aventure. Cette voie n'est pas conseillée aux velléitaires. Il y faut de la patience, une farouche indépendance, un certain flair pour s'entourer, et une perpétuelle soif d'apprendre et de progresser. Pour avoir connu et conseillé de nombreux entrepreneurs, dans la Silicon Valley et en France, je peux témoigner de leur feu sacré dans le succès comme dans l'adversité. Lors de notre événement au Népal, j'ai fait la connaissance de Sushil

Pokharel. Arrivé de son village avec 50 dollars en poche, il dirige douze ans plus tard un groupe de communication de 100 employés, monte un fonds d'investissement à San Francisco pour les start-up américaines. Sa devise : ne jamais s'arrêter. Il a considéré toutes ses entreprises comme autant d'effets de levier. Cet homme authentique a même pleuré lorsque j'ai quitté Katmandou. Un homme habitant ses émotions. J'aime ! Lorsque j'ai connu Mathieu Nouzareth, entrepreneur français à San Francisco et à New York, il était à deux doigts d'une deuxième faillite et ne pouvait plus payer ses employés. Qu'importe, il venait d'avoir une nouvelle idée et avait demandé à son équipe de lui faire confiance. La plupart de ses ingénieurs l'ont suivi. Aujourd'hui SongPop a été chargé 100 millions de fois sur Facebook. Je citerai également Abdulla Elyas, cofondateur de Careem au Moyen-Orient je collabore régulièrement avec lui et son équipe comme conseiller et facilitateur pour ses équipes dans le domaine du bien-être. Après avoir créé plusieurs start-up dans l'économie, sociale et solidaire en Allemagne, il est retourné dans le pays de ses ancêtres, l'Arabie Saoudite avec son savoir-faire et sa volonté d'innover. Chacun de ces trois exemples illustre un tempérament tourné vers la création et l'action, avec l'audace et la foi dans leurs projets comme carburant. Ces trois expériences couronnées de succès sont riches d'enseignements. Avant de se lancer dans la grande aventure, les candidats ne doivent pas hésiter à multiplier les enquêtes de terrains auprès de véritables entrepreneurs et à se faire accompagner. Aujourd'hui des accélérateurs de start-up proposent de réduire les process de création de dix-huit à trois mois. Tout est défi et rapidité, dans cet univers « d'adrénaline-hunter ».

Cinquième catégorie : *l'entrepreneur solidaire*, une valeur en hausse. Aujourd'hui, 20 % des étudiants aux États-Unis souhaitent développer une entreprise qui crée du lien social et donne sens à leur vie. L'exemple vient de haut ! Bill Gates, avec sa Bill & Melinda Gates Foundation, consacre son immense fortune à l'amélioration de la santé et à l'acquisition de la connaissance. Autre exemple : Alexandre Mars, serial entrepreneur, pionnier de toutes les nouvelles technologies, s'est investi dans « Epic Foundation », une plateforme qui met le Big Data au service du caritatif. En France, l'économie solidaire, collaborative, ou participative cartonne dans tous les domaines. Peut-être est-ce là une nécessité éthique que s'approprie ce nouveau monde ?

Avant de vous lancer, gardez en tête une chose, en tant qu'entrepreneur, la notion de week-end n'existe plus... parfois, il me manque ce concept du vendredi soir où on oublie tout jusqu'à lundi ! À vous de voir...

Time to be happy

✓ Quel est le domaine qui vous intéresse le plus ?

....

....

....

✓ Comment vous entourer d'une équipe complémentaire (trois personnes au minimum, réunissant soutien moral et addition de compétences) ?

....

....

....

✓ Êtes-vous prêt à créer une MVP, *Minimum Viable Prototype*, c'est-à-dire le plus petit prototype possible, à expérimenter… et à faire pivoter ?

....

....

....

- ✓ Avez-vous réalisé votre enquête auprès de votre réseau ?
- ✓ Je vous recommande de rejoindre « Start up leadership program ».

16 DEVENIR UN HOMME/ UNE FEMME DE LA RENAISSANCE ? UN SLASHER ?

> « *On a deux vies, et la deuxième commence lorsque l'on se rend compte que l'on n'en a qu'une.* »
>
> Confucius

Avez-vous déclaré vos multi-talents au monde? Continuez-vous à procrastiner ou êtes-vous en train de franchir vos inhibitions, pour conquérir votre espace dans un monde agité?

Aux États-Unis, les slashers n'ont pas d'états d'âme. Ce terme, emprunté au symbole [/], désigne ceux qui vivent plusieurs vies professionnelles dans leur unique vie. Les slashers affichent leurs multi-carrières sur les réseaux sociaux. Ils assument sans complexe d'être multi-potentiels. Les plus jeunes qui arrivent sur le marché se projettent sans illusion vers un futur où ils exerceront une quinzaine de jobs, lesquels ? Aujourd'hui 50 % des postes proposés n'existaient pas il y a cinq ans, tandis que le président de Cisco annonce la disparition de 50 % des sociétés actuelles sur dix ans ! Qu'importent nos points de vue. Le réel nous submerge. Bienvenue donc dans l'ère des slashers. J'ai appris ce terme en coachant les participantes au TEDx Champs-Élysées Femme en 2016. Beaucoup, au sein de l'organisation, étaient slashers, stagiaires avec nous la journée, DJ le week-end, vendeurs le soir, certains persuadés de poursuivre ce mode de vie sur le long terme. Peut-être cette atmosphère de folle créativité, de précarité endémique était-elle le lot de nombreux acteurs talentueux de la Renaissance. Cette spectaculaire recréation collective est aussi due à l'ouverture d'une mémoire oubliée depuis des siècles, celle de l'Antiquité. Léonard de Vinci ? Un génie certes, un slasher avant l'heure aussi. Esthète, peintre, stratège, sportif, inventeur, il a peint *La Joconde* et inventé l'hélicoptère ! Vertigineux !

Michael Gelb, spécialiste de la Renaissance et de Leonard de Vinci, dans son livre *Pensez comme Leonard de Vinci*[1],

1. L'Homme, 2005.

propose trois principes pour guider créativité et inspiration. D'abord, la « *dimostrazione* » : une capacité à tester le savoir par l'expérience, la persistance et à apprendre de ses erreurs. Ensuite, le *sfumato*, traduit par « flou, nuancé », une capacité à accepter le principe d'incertitude et les paradoxes de la vie. Et enfin la « *curiosita* », sans limites, sur la vie et l'infini des choses.

Aujourd'hui, près de 2 millions de personnes en France cumulent deux emplois ou plus. Si l'argent reste une motivation centrale pour beaucoup, de nouvelles motivations se répandent aussi. La curiosité, l'ouverture à divers champs d'expériences et aux autres, les voyages nombreux, la multiplication des expériences, sont autant de clignotants. Les jeunes formés en France en marketing et informatique s'installent à Bali, en Thaïlande, en Amérique du Sud. Ils exercent un petit emploi local, et travaillent à distance sur leurs écrans pour leurs clients européens.

Aux USA, on m'appelle « Renaissance Man », en France, je suis un slasher, branché en permanence sur les opportunités pour une trentaine de projets, les pieds sur les pédales de vitesse ou de freinage prêt à avancer, rétrograder ou stopper.

30 % de mon temps est consacré à la réalisation de mes projets. 20 % des projets parviennent à réalisation. Ma recherche personnelle et professionnelle très active s'accompagne du développement et des croisements constants de mes réseaux. La créativité est une des caractéristiques des

slashers. Happy Hacking Days est né de mes interactions multiples entre les mondes de la comédie, du bien-être et de la tech !

Dans les grands groupes, ces modes de fonctionnement peuvent être encouragés, voire sécurisés, par la possibilité d'un retour dans l'entreprise. De même, la microentreprise permet le cumul avec une autre activité.

Mais ce mode de vie n'est pas le plus stable. À chacun de trouver ces modes et ces lieux d'enracinements et de stabilité : une famille, un lieu, une tribu ou dans sa propre passion.

Leonardo Da Vinci disposait d'une étonnante palette de talents intellectuels et artistiques. Il a su trouver les lieux et les appuis qui lui ont permis de les développer.

Au Népal, nous avons entendu Nisha Adikari, actrice, grimpeuse du mont Everest et activiste du droit des femmes. Ses défis, être reine de beauté, sportive de haut niveau et artiste, avaient été lancés dès l'âge de 16 ans !

Et maintenant, écoutez vos propres défis.

Time to be happy

✓ S'il vous était possible de vivre plusieurs carrières en parallèle... lesquelles choisiriez-vous ?

....

....

....

....

....

✓ Je vous conseille de lire Léonard De Vinci.

17 DÉBARRASSEZ-VOUS DE L'INUTILE : TRIEZ, DONNEZ, JETEZ !

> *Ranger est un moyen de faire le point sur ce que nous aimons vraiment.*
>
> Marie Kando

C'est à la fois du feng shui et du bon sens : pour se réinventer, commencez par faire le vide ! Dans votre vie, en prenant le large de vos amis « toxiques », voire en changeant d'habitation, de ville, ou même de pays... Mais avant de prendre des décisions aussi drastiques, commencez par agir sur votre environnement quotidien, au bureau comme chez vous... Pour y voir clair, pour entamer une nouvelle page blanche, pour ouvrir grand le champ des possibles : faites table rase du passé, et des objets, vêtements et gadgets qui vous encombrent !

Il ne s'agit pas de tout jeter, mais bien de faire le tri entre les objets auxquels on est réellement attachés, et ceux qui ne nous apportent rien. On peut ici appliquer la règle du 80/20, dérivée du principe de Pareto : 80 % des effets sont le produit de 20 % des causes. Vous pouvez faire l'expérience vous-même : 80 % de vos coups de fil sont passés à 20 % de votre répertoire… et cette règle empirique se vérifie dans de nombreux domaines, par exemple votre garde-robe ! Tous nos placards sont encombrés de vêtements que l'on n'a jamais aimés, ni portés, ou trop vieux : nous faisons tous le tri régulièrement, afin de faire de l'espace, et pourquoi ne pas le faire dans toutes les pièces de la maison, ou du bureau ?

Nombre de possessions, dont nous pensons qu'elles nous rassurent, nous alourdissent et nous encombrent inutilement. D'après Marie Kondo, une consultante japonaise en rangement (eh oui !), auteur du best-seller *La Magie du rangement*[1], le bonheur commence dans un intérieur bien rangé, et vidé de tous les objets qui ne nous apportent pas de plaisir, ou de satisfaction. Ainsi, d'après elle, conserver ses vêtements devenus trop petits est bien plus une source

1. First Édition, 2015.

de désespoir que de motivation : on se lamente plus sur sa taille perdue que l'on ne se motive pour la retrouver...

Au-delà du rangement, l'époque est également à la déconsommation : on achète moins, et mieux, autant par souci de l'environnement que par hygiène de vie. On retrouve là de vieux préceptes, qui datent d'un temps pas si lointain – la société de consommation que nous avons connue, en Occident, ne date que du début des années 1960 – où l'on savait encore prendre soin de ses possessions, les réparer éventuellement, et en faire des compagnons de route ! C'est un changement de paradigme, qui devient peu à peu un fait de société : consommer moins, et mieux !

Time to be happy

- ✓ Jetez ou donnez les vêtements, meubles et autres produits qui ne font qu'encombrer votre vie.
- ✓ Peu à peu, éloignez-vous des amis toxiques.
- ✓ Posez-vous la question : « Et si je simplifiais tout dans ma vie ? »

18 DE L'AUDACE, ENCORE DE L'AUDACE ET TOUJOURS DE L'AUDACE !

> « *Faites des choix faciles et vous aurez une vie difficile. Faites des choix difficiles et vous aurez une vie facile.* »
>
> Jerzy Gregorek

Un cerveau moyen produit 60 000 pensées par jour… on imagine bien la proportion de doutes que cela contient ! Autant il est normal, et souhaitable, de peser le pour et le contre et de réfléchir avant d'agir – c'est ce qui fait notre capacité de jugement et d'analyse –, autant il ne faut pas se laisser envahir au point de bloquer notre énergie créatrice.

Cette confusion des idées, ce bavardage mental, c'est ce que les bouddhistes et les taoïstes appellent notre « singe de l'esprit », qui saute de branche en branche et nous empêche de nous poser. Nous l'avons tous, ce singe, et tout l'enjeu est de réussir à le calmer, en méditant et en se posant les bonnes questions... Ci-dessous, quelques doutes fréquents, mais qu'il est facile de lever, en faisant la part des choses.

Pourquoi devrais-je changer ?

« Celui qui n'avance pas chaque jour recule chaque jour », a dit Confucius... et c'est le principe qui gouverne tout organisme vivant ! Déjà, si vous tenez ce livre entre les mains, c'est bien que vous avez envie de changer quelques petites choses dans votre vie, n'est-ce pas ? C'est un premier pas, et vous savez que l'équilibre naît dans le mouvement : dans votre vie professionnelle et personnelle, la stagnation, c'est l'ennemie !

Chaque fois que j'ai essayé de lancer quelque chose, ça n'a pas fait long feu, pourquoi est-ce que cela devrait fonctionner cette fois-ci ?

Ce sont les projets qui nous donnent le sentiment d'être vivants ! Et le succès peut arriver à tout moment, quels que soient les périls encourus : Ray Kroc, le fondateur de McDonald's, a essuyé nombre d'échecs avant de réussir à 52 ans ; Louis de Funès a rencontré le succès à 49 ans ; Harrison Ford à 36 ans avec *Star Wars*. Abraham Lincoln a perdu sept élections, a survécu à la dépression, au décès de sa femme et à la faillite avant de devenir le plus grand président des États-Unis... Il ne s'agit pas nécessairement de devenir président de la République, mais à chacun son projet : c'est une affaire d'état d'esprit ! Il faut faire confiance à la conjuration de l'univers pour notre bonheur, et déceler toutes les petites étapes qui vous amènent vers votre but... Et rappelez-vous : vous n'êtes pas en charge du résultat, mais c'est bien votre attitude qui est la clé de votre réussite. L'espoir est la seule chose obligatoire dans une vie.

Mon (ma) partenaire n'est pas dans le même état d'esprit. Nous avons peur que cela nous sépare.

Les conseils que je vous donne ici vous concernent au premier chef, et c'est bien sûr avant tout une affaire personnelle. Mais il est évident que vous ne pouvez pas agir seul si votre couple est solide et constructif ! Là, il s'agit de réfléchir à deux, et de faire des compromis... ou pas ! Que vous coûte le compromis ? Tout le monde en fait : cela fait sept ans que je vis à New York, et c'était pour la carrière de ma femme, qui m'avait accompagné en Chine et à Los Angeles les deux années précédentes... Je ne suis plus du tout un fan de cette ville, j'y reste pour elle... Bien avant, il y a quinze ans, je vivais avec une autre amie depuis quelques années. Je rêvais d'Amérique, mais pas elle. Nous nous sommes quittés. Et encore avant elle, il y avait dans ma vie, une autre amie qui appréciait la vie aux États-Unis et m'a quitté car à l'époque je voulais rester en France… Il n'y a pas de règle. Que vous coûte le compromis ? Est-ce le bon moment ? Souvent une histoire de timing.

Je me sens coupable d'être égoïste.

Toutes les études prouvent que les gens qui s'écoutent d'abord créent plus de bonheur autour d'eux… jusqu'à un certain point, évidemment. Et on parle ici de choix et de mode de vie, pas de vivre égoïstement. On ne peut pas propager du bonheur autour de soi si on est malheureux.

Pourquoi en suis-je arrivé là, pourquoi dois-je me réinventer, et pas les autres ?

1. Se comparer aux autres est la pire chose que l'on puisse faire.
2. On ne sait pas si les autres sont vraiment heureux.
3. Changer et se réinventer, c'est l'une des meilleures choses qu'on puisse faire pour soi. La vie est une quête.

Et si je faisais une grosse bêtise, et que je n'ai au fond pas vraiment envie de changer ?

Effectivement, si vous avez simplement passé une mauvaise semaine au travail et que les enfants ont été surexcités tout le week-end, il faut attendre un peu et compter sur votre résilience. Ce livre s'adresse à celles et à ceux qui ont ce désir depuis quelque temps : on ne change pas en profondeur sur un coup de tête !

Et si je perds ce que j'ai déjà acquis ?

Cela s'appelle le « sentiment de trade-off » : il vous faut équilibrer le sentiment de perte à court terme avec les gains éventuels qui découleront des risques que vous prenez, qui adviendront nécessairement à plus long terme. À vous de savoir ce qui vous tient réellement à cœur !

Je devrais peut-être arrêter de voir grand, je vais me contenter de vivre dans une petite ville et viser moins haut.

Il n'y a pas de petit projet. Si votre objectif est de vivre dans un village ou sur une montagne au milieu de nulle part, allez-y ! On fait des projets pour soi, et surtout pas pour le regard des autres : se réinventer, ce n'est pas une ambition au sens matériel ou « social » du terme. C'est se créer son écosystème où l'on est en paix avec soi-même.

J'ai envie de changer, mais je n'en ai pas l'énergie.

Commencez par vous préparer, physiquement et psychologiquement : prenez du repos, allez dans la nature, puis allez à la bataille... sauf que ce n'est pas une bataille ! Je fais souvent le parallèle avec le sport : lorsque l'on n'a pas envie d'y aller, qu'il fait froid et nuit, après les premières minutes, un peu fébrile, l'énergie revient, et on ressort de la séance plein d'énergie ! C'est la même chose pour se réinventer. Et il ne faut pas être trop dur avec soi-même : lorsque vous doutez, et que vous lâchez un peu la bride, rappelez-vous les progrès déjà accomplis... et rattrapez-vous quelques jours plus tard. Rome ne s'est pas faite en un jour, et votre renaissance ne se fera pas en 24 heures non plus. Attention aux graines que vous semez, c'est tout.

Je suis trop vieux.

À chaque âge, il faut trouver où est l'abondance ; et cela dépend de chacun... J'ai commencé le stand-up à 31 ans, la réalisation à 35 ans, la technologie à 40 ans et le coaching à 41 ans.

Et ce n'est pas fini ! On dit qu'il y a un âge pour tout, mais, à part le sport de compétition, les catégories d'hier ne sont plus ! L'espérance de vie et la santé ont fait de tels progrès que l'on trouve des jeunes gens de 60 ans...

Je n'ai pas assez d'argent pour m'offrir le luxe de me réinventer.

Je n'ai eu en moyenne que trois à six mois d'économies devant moi pendant toute ma vie... J'ai toujours vécu avec le même train de vie, et si jamais je gagnais un peu plus d'argent, je savais qu'il serait réinvesti dans ma prochaine aventure et j'épargnais pour une prochaine « renaissance ».

La clé pour se réinventer, c'est de simplifier sa vie, d'être le plus « lean » possible... et d'économiser tout le superflu pour la prochaine aventure. On a besoin de six mois d'économies avant de changer de vie, et de deux ans au maximum pour se recréer : plus, c'est inutile (lorsque l'on est encore célibataire). Et le fait de ne pas avoir beaucoup d'argent vous obligera à vous concentrer sur vous-même, sur vos vrais besoins et à trouver des solutions. Qu'est-ce qui compte le plus ? Avoir une belle voiture ou prendre le bus et vous réinventer ? Sérieusement ?

C'est un gros risque quand même...

Le seul risque dans la vie est celui de ne pas en prendre ! Cela demande beaucoup de courage, mais le courage, ce n'est pas de ne pas avoir peur. C'est d'avoir peur et d'y aller quand même !

Je pourrais continuer avec « Si j'ai une maladie chronique », « Et si je n'étais pas assez intelligent », « Faut d'abord que je me venge de quelqu'un/que j'attaque quelqu'un en justice ». Et je pourrais continuer à vous montrer qu'il faut y aller quand même !

Time to be happy

- ✓ Méditez sur le thème suivant :
  « Aide-moi à changer ce que je peux et à accepter ce que je ne peux pas changer. »

- ✓ Combien de mes peurs passées se sont-elles révélées justifiées ?

……………………………………………………………………

……………………………………………………………………

……………………………………………………………………

- ✓ « Dans l'épreuve comme dans la joie, j'aime bien réfléchir sur ce quoi porte l'existence » (Alexandre Jollien). Et vous, sur quoi porte votre existence ?

……………………………………………………………………

……………………………………………………………………

- ✓ Que va-t-il se passer dans six mois, cinq ans, dix ans, si je ne change pas malgré mes peurs et mes doutes ?

……………………………………………………………………

……………………………………………………………………

19 COMPASSION, GRATITUDE ET BÉNÉVOLAT : AIMER, REMERCIER ET DONNER

> « *Si tu allumes la lampe d'un autre, ton propre chemin en sera éclairé* ».
>
> Nichiren, moine bouddhiste

Nous ne sommes peut-être pas assez conscients de ce que les autres nous donnent, comme de ce que nous pouvons faire pour les autres. Je dois beaucoup à ma femme, Janet. Depuis treize ans, sa présence, son amour, sa solidité et sa gentillesse ont été si précieux pour moi. Son écoute attentive, sa compréhension et ses compétences et talents personnels ont accompagné mes projets et les ont enrichis.

Nous sommes très dissemblables : moi intense, impulsif, très social ; elle, réservée, calme, prenant son temps. Non seulement elle m'a laissé partir, dans des destinations diverses, pendant plus ou moins longtemps, mais elle a activement contribué à la réussite de mes événements. Elle s'est chargée avec moi de préparer, de coordonner, mais aussi de prendre en charge la production vidéo, la captation et le montage final des événements produits.

Je n'aurais pas pu réaliser tous ses événements sans elle, sans son extraordinaire présence et sans son écoute intelligente Elle a relu mes textes, qu'elle a su ponctuer avec les mots justes. J'ai bien conscience que pour elle, cela n'a pas été facile tous les jours !

Les sentiments profonds qui lient deux êtres sont des données intimes que l'on n'étale pas sur la place publique. Mais la gratitude pour les autres doit pouvoir s'exprimer. Je souhaite simplement dans ce paragraphe la remercier. L'importance d'une relation forte et sécurisante, d'une famille soudée peut être cruciale pour beaucoup d'entrepreneurs.

La compassion et la gratitude sont à la mode. Au moins dans les esprits et dans les cœurs ouverts, qui ne peuvent passer à côté des messages que nous envoient le dalaï-lama et son ambassadeur en France, Matthieu Ricard. Ils rappellent à tous à quel point il est important de ressentir la souffrance des autres, de ressentir de la gratitude pour ce et ceux qui ont fait notre bonheur, et de vivre pleinement conscient…

Une belle profession de foi en l'homme, que l'on ne peut que faire sienne, si l'on souhaite – évidemment ! – le bonheur de l'humanité, mais aussi son propre bonheur. Comme l'explique Matthieu Ricard dans sa fabuleuse conférence TED (visible sur YouTube[1], et que je recommande à tous), le bonheur est intimement lié à la compassion et à la gratitude, deux dimensions à travailler chaque jour, et à remettre en permanence sur le tapis.

Pour moi, lorsque l'on cherche à se réinventer, intégrer ces deux dimensions est vital, et permet d'avancer sur la voie de la connaissance de soi, mais aussi de la réconciliation avec soi. Comment faire ? Cela passe par le don, mais pas n'importe quel don : il est facile de donner 5 ou 100 euros. C'est même si dématérialisé, et totalement indolore, que l'on ne ressent même plus le plaisir que le don procure, à l'idée d'avoir contribué à sa modeste mesure à soulager une infime part de la misère du monde. Non, il s'agit de donner une partie de ce que l'on a de plus précieux : notre temps. Toute ma vie, j'ai fait des actions bénévoles, que ce soit en Tanzanie ou dans les quartiers chauds de Los Angeles, et le simple fait de donner un peu de mon temps et de mon attention suffit à me remplir d'énergie.

Il ne faut pas se leurrer : on se fait autant de bien à soi-même qu'aux autres lorsqu'on les aide. Voilà ce que l'on appelle le deal gagnant-gagnant par excellence, et je le

1. https://www.ted.com/talks/matthieu_ricard_on_the_habits_of_happiness?language=fr

préconise dans tous les cas : donner un peu de son temps personnel, par exemple avec la Croix-Rouge, le Secours populaire, ou en donnant des cours (pour ne citer que quelques exemples, chacun peut trouver sa façon d'être bénévole), engendre mille bénéfices en retour, et même pour notre tension et notre système immunitaire, d'après le dalaï-lama ! En entreprise, à l'image du monde anglo-saxon où les actions à fin de « *charity* » sont omniprésentes, les actions se développent aussi en France : équipes ou compétitions dédiées à une cause philanthropique, journées bénévoles, toutes les initiatives sont bonnes à prendre. Bien sûr, ce sont des bons sentiments, et les Français y sont parfois réfractaires, mais rares sont ceux qui ne se laissent pas embarquer par l'enjeu. Essayez le volontariat, c'est l'adopter !

La gratitude est également une dimension essentielle de notre bonheur, et souvent mal comprise. En effet, il faut bien sûr être capable de reconnaissance envers ceux à qui nous devons tout, conjoint, parents, amis de toujours ou qui ont été précieux dans une période donnée. Mais il faut aussi être reconnaissant envers ceux qui nous ont dressé des obstacles sur notre route : j'en ai croisé des dizaines, et, *in fine*, j'ai aussi beaucoup appris d'eux. Je suis devenu plus prudent, plus réfléchi et, surtout, beaucoup plus tolérant : nous avons tous un chemin à suivre, et nos chemins ne se croisent pas nécessairement, voire ne vont pas du tout dans la même direction ! Mais cette gratitude pour ceux qui nous ont soumis à des épreuves, consciemment ou non, renferme une grande force : celle de transformer une énergie négative en une énergie positive !

Ensuite, il ne s'agit pas non plus de se transformer en Messie des temps modernes, et de repeindre le monde en rose bonbon. En 2012, avec une amie, nous avions décidé de monter une association afin de faire du théâtre avec les jeunes des quartiers défavorisés. Tout était prêt, et il ne nous restait plus qu'à lever 20 000 dollars auprès de nos réseaux. Bilan des opérations : nous avons levé 500 dollars… le potentiel de compassion des gens n'est pas non plus infini, et, dans ce domaine comme dans d'autres, il est important de compter avant tout sur soi-même ! Ne forcez personne à donner, montrez-leur ce que vous avez pu ressentir vous-même en faisant une telle chose, ce que je n'avais peut-être pas fait à l'époque. Mes amis de Movember s'en sont mieux tirés que moi. En Australie, ils ont fait quelque chose de fun, sympa et levé 300 millions de dollars pour le cancer de la prostate.

Time to be happy

✓ Exprimez 100 choses pour lesquelles vous éprouvez de la gratitude dans votre vie : des conversations, des expériences, des moments, des personnes… Conservez-en une vingtaine : les plus importantes, et répétez-les vous tous les soirs ou le matin.

....

....

....

....

....

....

....

....

✓ Exprimez votre gratitude à tous les collègues présents et passés qui vous ont été précieux, et dites-leur pourquoi.

✓ Organisez des happenings impromptus de gratitude au bureau.

✓ Faites du bénévolat.

20 PLUS FORT QUE LE GROUPE : LA TRIBU

> *Trouvez un groupe de gens*
> *qui vous inspirent, qui vous challengent,*
> *passez le plus de temps avec eux,*
> *cela changera votre vie.*
>
> Amy Poehler

« Connaître le sens de sa vie : c'est le secret. » Je me souviens de ce chef masaï en Tanzanie, qui m'avait confié ce secret en 2011. Toute la vie de la tribu est organisée autour de cela, afin de permettre à chacun de connaître sa place et son but. Dans un tel groupe, qui réunit de 10 à 150 personnes, c'est le partage des mêmes valeurs, d'une vision et surtout des règles tacites qui constitue le ciment social. Et, chez les Masaïs comme dans une tribu d'Équateur avec qui j'ai vécu pendant près d'un mois, j'ai pu expérimenter la force tranquille que transmet le sentiment d'appartenance à une tribu. Ces deux tribus ont cet incroyable pouvoir de se rassembler, de communiquer sans paroles : les rôles sont bien définis, entre le chef, le guérisseur, les chasseurs, ceux qui protègent, ceux qui connaissent les plantes, ceux qui soignent... Mais la solidarité et l'unité priment par-dessus tout: une fois, un petit enfant se mit à pleurer, et une femme lui donna le sein. «Vous êtes sa maman ?» demandai-je. «Nous sommes tous sa maman», me répondit-elle.

En tant que CHO, j'essaie de donner la construction et l'animation des différentes tribus constituent l'un des axes stratégiques de votre mission. Vous ne pouvez pas avoir de «chouchou». Il faut donner la même attention à chacun. Il faut passer du temps à rassembler les gens, à comprendre les valeurs profondes, et souvent inconscientes, qui réunissent les équipes... et à les faire émerger. Et le corollaire est également vrai: je dois cerner les non-dits que l'on doit respecter, ou mettre au jour. Au sein d'une même entreprise, plusieurs tribus peuvent coexister, et c'est même recommandé: ainsi, chez Google, les collaborateurs sont appelés à définir eux-mêmes les valeurs à l'œuvre dans chaque équipe – les fameux *«norm statements»* – afin que tous apprennent à se connaître et à comprendre ce qui les rassemble...

On le sait, l'être humain n'est pas fait d'un seul bloc: nous sommes tous le résultat de milliers d'interactions, de rencontres, d'inclinaisons et d'aspirations... Et l'individu, «ce qui ne peut plus être divisé», au sens étymologique, est composé de toutes ces strates. Pour progresser, et aligner tous les compartiments de votre vie, je ne peux que vous conseiller de vous entourer de tribus qui correspondent à vos différents moments de vie: moi, j'ai une tribu de sport, avec mon club de cross fit à New York; j'ai une tribu d'innovateurs dans mon espace de coworking à New York; j'ai une tribu d'entrepreneurs, Startupleadership.com, que l'on retrouve partout dans le monde, et aussi une tribu de créateurs européens, à Amsterdam, qui m'a remis un pied sur le Vieux Continent. J'ai ma tribu de comiques avec des gens comme le Comte de Bouderbala à Paris ou Dan Naturman à New York.

Si vous partagez réellement les mêmes passions, votre entrée dans la tribu se fera sans problème, à condition de passer les quelques rituels d'initiation adaptés. C'est ensuite que les défis arrivent : une tribu n'est pas un club, c'est un organisme qui mute et évolue en permanence, qui nourrit et se nourrit de ses membres. Il vous faut donc vous comporter en membre, au sens organique, physique, du terme, et non en adhérent/consommateur. Comme au sein d'une famille, vous devez être prêt à donner du temps, de l'attention, des services, de l'amour, sans nécessairement attendre de contribution directe en retour... Mais vous le savez peut-être déjà: lorsque l'on donne, on reçoit aussi, même si cela ne vient pas toujours de là où vous l'attendiez.

Time to be happy

✓ Pensez aux différentes tribus que vous pourriez créer au sein de votre entreprise. Quelle serait la vôtre ? Qu'est-ce qui vous rassemble ? Comment pourriez-vous réunir tous les talents et les aspirations au sein d'une vision commune ?

....

....

....

....

✓ Qu'avez-vous appris par vos différentes tribus existantes dans votre vie perso et pro ?

....

....

....

....

✓ Quelles sont les valeurs et traditions non dites ?

....

....

....

21 LEADERSHIP ET EMPOWERMENT : ENFIN EN FRANÇAIS DANS LE TEXTE !

« *Le leadership : c'est l'art de faire faire quelque chose à quelqu'un parce qu'il a envie de le faire.* »

Dwight Eisenhower

Mon ami Jed Kleckner, fondateur de Delivery.com, explique que, pour lui, « un manager, c'est quelqu'un qui sait faire travailler les gens autour de lui le plus intelligemment et le plus efficacement possible, tandis qu'un leader permet aux autres de faire des choses qu'ils ne pensaient pas possibles ».

La nuance se retrouve dans l'étymologie : le mot « manager » dérive du vieux français « manéger », c'est-à-dire faire tourner les chevaux au manège... Une discipline utile, et salutaire pour les chevaux, mais pas nécessairement épanouissante et libératrice.

Tout au long de ma carrière, j'ai dû côtoyer pas loin de 1000 managers ou leaders, et seuls quelques-uns m'ont vraiment bluffé par leur capacité d'entraînement, leur vision et leur charisme... bref, leur leadership. Abdullah Elyas, fondateur de Careem, à Dubaï (la plus grosse start-up du Moyen-Orient, rivale d'Uber) est l'un d'eux : il a totalement compris qu'aimer et écouter ses employés était l'une des clés du succès, et son équipe est l'une des plus importantes de la région. Parmi les leaders connus et reconnus, on peut également mentionner Richard Branson, président de Virgin, bien connu pour ses prises de position iconoclastes, mais couronnées de succès, qui a déclaré : « Occupez-vous de vos employés, le reste suivra. » Cela ne veut pas dire que le reste – les clients, les bénéfices, tous ces petits détails – n'est pas important. Richard Branson est un authentique businessman, et les employés constituent pour lui la première richesse de l'entreprise.

Un leader est quelqu'un qui inspire la confiance et le respect, et non pas la peur. Il a pour but de développer les talents de ses équipes, et il travaille également à développer les siens. Ainsi, il permet aux équipes de faire des erreurs, et il les accepte, car lui-même en commet. Une société avec laquelle je travaille l'exprime en trois mots: «*Safe to fail.*» Il est admis et même demandé aux employés de prendre des risques, sachant que les erreurs ne seront pas sanctionnées.

Aujourd'hui, l'heure n'est plus au management sauvage, l'œil rivé sur les objectifs: les *millenials*, la génération née entre 1980 et 2000, sont en quête de sens et souhaitent être accompagnés dans leur développement professionnel et personnel. La prime va aux entreprises qui sauront proposer cette nouvelle dimension humaine, et c'est tant mieux!

L'heure est à l'*empowerment*! Encore un mot difficile à traduire... mais pourtant vital. En français, il s'agit de permettre aux gens de révéler tout leur potentiel, tout ce qu'ils sont en puissance: nous disposons tous d'atouts, nous sommes tous doués pour quelque chose, que ce soit intellectuel ou manuel, émotionnel ou rationnel. Et ces qualités peuvent toutes être utilisées dans un écosystème riche et bienveillant! C'est justement cette diversité qui fait la vie et l'équilibre entre des dynamiques complémentaires. On le sait, une entreprise composée uniquement des mêmes profils est moins productive et moins saine qu'une entreprise composée de différents métiers, mais aussi de différentes cultures, de différentes sensibilités, et de différentes origines. C'est le *melting pot* (creuset) qui a fait la grandeur des États-Unis, et non pas le cloisonnement. Et si l'heure semble au repli, c'est un idéal que tout le monde devrait garder en tête!

En pratique, comment agir pour révéler les potentialités de chacun ? C'est une affaire de climat, de confiance, et d'audace, et cela se pratique au quotidien. Ainsi, j'ai l'habitude, lorsque j'anime des ateliers, d'aller chercher la personne la plus timide de l'assistance – généralement celle qui cherche à se faire oublier au fond de la salle – et de l'amener à s'exprimer devant l'assistance… sans la brusquer. Il faut là de la bienveillance, de la persuasion, et de l'empathie… et c'est là que l'improvisation est un puissant catalyseur : par exemple, demander à une personne timide de monter sur une chaise et de regarder son public d'en haut (mais pas de haut !) constitue une première parfois révélatrice.

Time to be happy

- ✓ Quelles seraient vos qualités et défauts de leader ? Si vous êtes manager, n'hésitez pas à poser la question aux personnes de votre équipe.

....

....

....

- ✓ Dans votre travail, votre club ou encore votre association, listez les gens par potentiel avant de lister les compétences.

....

....

....

- ✓ Créez une charte de bonne conduite et de transparence à vous appliquer à vous-même.

....

....

- ✓ Je vous conseille de lire *Reinventing Organizations – Vers des communautés de travail inspirées* de Frédéric Laloux, Diateino, 2015.

22 LES PASSIONS SONT-ELLES TOUJOURS BONNES ?

*« Les passions sont comme le vent
qui enfle les voiles d'un navire,
parfois elles le submergent, mais sans elles
il ne pourrait exister. »*

Voltaire

S'investir totalement provoque une exaltation extraordinaire. Ces moments laissent des traces ineffaçables. Mais vivre de tels engagements n'est pas à conseiller à tous sans discernement. Simplement, il convient d'écouter le message délivré pour chacun, à sa mesure, dans les ressorts de sa propre passion.

La conception de la passion diffère en Occident, selon que l'on prend ses marqueurs dans une certaine tradition philosophique ou dans la culture populaire, voire poétique.

Étymologiquement, le terme provient du latin *patior, pati*, et son homonyme grec *pathos*, qui signifie « la souffrance de celui qui subit ». Elle diffère des connotations actuelles populaires de la passion, associées à la romance, en tant qu'émotion de joie, mais également d'une conception plus poétique, comme la citation de Voltaire, en exergue.

Je partage la métaphore poétique de Voltaire, comme l'interprétation plus populaire du mot « passion », liée à la fois à la joie, à la romance, et j'ajouterai au récit partagé.

Mettons les points sur les I. Mes universités de vie multiples m'ont appris à jouer avec mes mots propres, de Katmandou à New York, de Dubaï à Paris... Cette passion, cette « joie » me paraissent constituer le carburant de notre bien-être au quotidien.

Ces composantes des passions sont comme autant de germes pour de multiples floraisons. Soyez un jardinier avec un parterre de plantes, ou un sculpteur avec ses outils ou ses matériaux.

Mes passions ont orienté mes choix, au Japon, aux États-Unis, dans le monde du cinéma, de l'écriture, la comédie, le sport, l'entrepreneuriat et maintenant le coaching. J'ai suivi, à la manière du surfeur, l'élan de mes passions.

Si vos affaires tanguent du mauvais côté, une passion vous sauvera en élargissant votre univers à un jardin personnel libre ou vous décidez seul.

Nous mettons en acte, à ce moment-là, le concept de «flow» dont je parle dans d'autres chapitres.

La passion est une expérience que chacun connaît ou a connu. Il suffit de retrouver ces états émotionnels, de s'y ressourcer. Demandez aux autres de parler de leurs passions plutôt que leur demander ce qu'ils font dans la vie.

C'est ma passion pour le Japon qui m'a amené à créer de grands événements, ma passion pour les études qui m'a amené à décrocher une bourse pour partir en Chine un an, ma passion pour la scène qui m'a incité à devenir comique.

Vous pouvez cumuler plusieurs passions. C'est même à notre époque un excellent biais d'adaptation.

Une de mes amies à Los Angeles a su vivre deux passions simultanées, son métier dans l'art, et son implication dans le bénévolat. Créer une association pour aider des milliers d'enfants travaillant dans les mines en Sierra Leone lui a permis de prendre le recul nécessaire dans la gestion de sa galerie à une époque difficile.

La création de «Stand up for Passion» à New York est née de cette passion faite d'empathie pour les autres et leurs histoires, d'une volonté de montrer que les récits des autres sont autant de moteurs dans la voie de l'épanouissement personnel et collectif.

Time to be happy

✓ Notez vos 20 centres d'intérêt et classez-les par élimination : opposez-les deux à deux, et choisissez-en un à chaque fois, jusqu'à ce qu'il ne vous en reste plus que trois. En procédant ainsi, vous parviendrez à établir vos principales passions.

....

....

....

....

....

....

....

....

....

....

....

....

....

23 TALENTS : ILS SONT PARTOUT !

> *Il n'y a aucun talent,*
> *il n'y a que du désir.*
>
> Jacques Brel

Ce que j'aime dans le métier de CHO, c'est le poste d'observation privilégié de l'ensemble des collaborateurs qu'offre l'entreprise. Elle donne en effet accès à une connaissance et une capacité précieuses ; celles de déceler les talents, ouverts ou cachés, exploités ou encore à l'état brut, de tout le staff... Une dimension vitale, que vous vous devez de cultiver, de partager et de faire connaître, quel que soit votre poste. Bien sûr, si vous décidez de devenir CHO, vous ne prendrez pas la place des Ressources Humaines et vous ne ferez et ne déferez pas les carrières de votre entourage. Mais vous pourrez encourager chacun, dans son domaine, professionnel ou extra-professionnel, à se développer et à s'accomplir. Les exemples ne manquent pas !

Ainsi, j'ai pu aider à découvrir, lors d'une session de coaching à Dubaï, la richesse et la pertinence de la vision stratégique et marketing de la… standardiste de la société, qui est ensuite entrée au service marketing. Qu'il s'agisse de qualités purement business, ou de talents qui permettent d'améliorer le quotidien des hommes et des femmes de l'entreprise, c'est la mission du CHO, et peut-être bientôt la vôtre, que de les faire éclore et émerger dans le quotidien de l'entreprise. En dressant un état des lieux des talents présents, puis en créant une bourse aux talents, qui permettrait à tous et à chacun de partager ses passions, ses goûts et ses talents, on peut ainsi favoriser le développement de chacun et contribuer au développement harmonieux de l'entreprise…

Time to be happy

- ✓ Demandez à chacun de renseigner son talent caché (bricoleur, jardinier cuisinier, modéliste, programmeur) et proposez de lancer des ateliers de découverte. Vous pouvez tenter l'expérience avec le concours du CE de votre entreprise ou bien dans votre association, votre club ou même au sein de votre famille !

- ✓ Affichez tous les talents au mur, à la vue de tous.

24 L'IMPROVISATION, ÉCOLE DE LA VIE

« *Liberté, égalité, improvisez !* »

Jamel Debbouze

Libérez-vous, improvisez ! Cette école de vie que j'ai pratiquée aux quatre coins du monde a été tellement bénéfique pour moi que j'aurais pu en faire le titre de ce livre. 50 % de ce que j'ai obtenu, de ce que je suis et de ce que j'ai pu donner aux autres provient de mes années d'improvisation théâtrale. Une précision, tout d'abord : ce n'est pas du théâtre. Il n'y a pas de texte, pas de metteur en scène, pas de décor, pas de répétition et une seule prise : tout le monde est à la même échelle, tout le monde a une seule chance. Il faut être sur ses gardes à chaque mot tout en se laissant aller. Cela développe une tension et une communion créatrice sans égale et accessible à tous. C'est juste l'envie de faire quelque chose ensemble.

Le bon élève dans un tel dispositif est l'optimiste qui ne prend pas de précaution, le cerveau droit, siège de la créativité, prend le contrôle, et on visite des mondes intérieurs et extérieurs qui naissent de la simple interaction entre deux personnes ou plus. Et on découvre également que l'on peut aimer s'ouvrir dans une assemblée d'inconnus. À mon sens, il n'y a pas de situation où le rire et la joie sont aussi intenses.

La plupart des acteurs ont fait de l'improvisation, et certains grands patrons également sont fiers de pouvoir dire qu'ils en ont fait. Pour ma part, je le conseille à tout le monde, et encore plus à ceux qui ont peur de la scène, peur de parler en public, peur de suivre leurs intuitions, peur d'être créatifs. C'est bien sûr une bonne école pour apprendre à « être » à l'oral et en public, mais c'est aussi bien plus que cela : c'est une formidable école de la confiance en soi, pour être à l'aise avec la vie – et je pèse mes mots. Pour une raison bien simple : dire non est interdit. Le dicton de base est le : OUI, ET... Quelles que soient la situation initiale, la scène ou l'idée, il faudra dire « oui » à toutes les idées, et leur rajouter quelque chose en plus : il n'y a plus de bonnes ou mauvaises idées, il n'y a plus qu'une matière intellectuelle et situationnelle à enrichir et à façonner ! Dans un pays où le « oui, mais » est un sport national, l'exercice est enrichissant, et je recommande à tous ceux qui cherchent à mettre un peu de légèreté dans leur vie de s'inscrire six mois dans une ligue, cela éviterait bien des frustrations, des désespoirs... et des visites chez le psy !

Apprendre à dire « oui, et » nous amène à plus de positif, à plus d'optimisme et à plus d'humanisme aussi ! On découvre que les gens, lorsqu'on leur fait confiance, peuvent toujours venir avec une nouvelle idée, et faire avancer la machine. On découvre l'autre, on apprend à se connaître, on se rend compte qu'on peut tous devenir créatif en une minute... Il suffit d'être vraiment présent et de ne jamais juger, ni soi ni l'autre. Oui, et faire plus avec ce que l'on vous donne : on se découvre des choses en commun avec l'autre, une vision commune, et on pressent que le chemin à venir va être plein de folie, de rebondissements, et tout fera sens à la fin.

Cela pourrait constituer une étape décisive pour les personnes désignées de type A aux USA voire *control-freak*, et en France plutôt cataloguées comme obsessionnels. Un déblocage efficace ! Chacun se nourrit, en nourrissant l'autre : plus on fait confiance à l'autre, plus on obtient de soi ; et en retour l'autre s'améliore en continu. C'est une machine à empathie !

Aujourd'hui, chacun de mes ateliers bonheur dans les entreprises comprend des ateliers d'improvisation obligatoires. Les réticences sont souvent là, mais, chaque fois, je montre aux participants que c'est en eux, qu'il suffit de se faire confiance. Pour beaucoup si l'expérience ne modifie pas automatiquement leur vie, elle les met en condition d'enlever leurs masques devant les collègues et de révéler un potentiel créatif ! Je suis intervenu en 2017, à Aruba, pour un grand groupe hôtelier. J'ai constitué au hasard un groupe de quatre personnes pour un exercice d'improvisation. Tous ont suivi un certain John. À la fin de l'exercice, je leur ai dit que l'innovation et la créativité étant au point mort dans cette équipe, il était impossible par exemple qu'ils travaillent ensemble dans le réel. Or, il s'agissait de l'équipe chargée de l'innovation. Force leur a été de reconnaître que personne n'osant remettre en question le chef d'équipe, ils ne pouvaient innover. Aujourd'hui, ils ont constitué une nouvelle équipe et de nouvelles règles.

Time to be happy

- ✓ Demandez à une personne d'inventer une histoire loufoque. La personne suivante devra la répéter et la compléter. Continuez ainsi avec tous les membres du groupe. Vous verrez, le fou rire général se fera sentir dans toute la pièce.

- ✓ Demandez aux gens de fermer les yeux et de marcher dans la pièce… Vous allez voir des comportements très spécifiques se développer qui en disent long sur leur nature.

- ✓ Proposez à un volontaire de se servir des personnes dans l'assistance pour créer une œuvre vivante de tous ces corps.
  Toutes les 3 minutes quelqu'un d'autre doit prendre le relais et changer la structure sans en casser les fondations.

25 STRESS, FRUSTRATION, BURN-OUT ET DÉPRESSION : LES MOTS QUI FÂCHENT

> *Sois gentil avec les gens que tu rencontres*
> *car tout le monde mène une bataille intérieure.*
>
> Anonyme

C'est une réalité de nos vies, personnelles et professionnelles, et ce n'est pas parce que l'on traite ici de bonheur et d'équilibre qu'il faut l'occulter, bien au contraire. En effet, si ces quatre mots – qui recouvrent des réalités et des niveaux d'alerte différents – sont si récurrents, c'est bien qu'ils sont consubstantiels à nos équilibres.

Ainsi, le stress, si décrié à longueur d'articles, est bien notre « meilleur ennemi ». C'est bien le stress qui nous pousse à agir, à oser et à être exigeants avec nous-mêmes. Le stress, c'est la vie ! La créativité elle-même naît d'un état de stress, et c'est également le stress qui entretient votre vigilance, votre réactivité et votre présence d'esprit, dans toutes les situations. Je peux témoigner que chaque fois que j'ai été trop confiant sur un projet, il ne s'est pas fait, et qu'à chaque fois que je suis monté sur scène trop confiant, j'ai fait un four ! Une dose de stress constructif est donc bienvenue dès lors que l'on sort de sa zone de confort. Or, tout le sel de la vie consiste justement à sortir de sa zone de confort...

Mais, comme partout, tout est affaire de dosage et d'équilibre ! Le stress à haute dose est générateur de mauvaise humeur, de tension et d'énervement : tout l'enjeu consiste donc à contenir le mauvais stress et à le transformer en énergie. Le secret pour y parvenir ? Eh bien, c'est justement qu'il n'y a pas de secret... Seule une bonne hygiène de vie permet de transformer les toxines : du sommeil en quantité suffisante (7 heures par nuit), une alimentation saine et équilibrée, des sports toniques et doux, du yoga, et de la méditation et surtout toujours et encore s'entourer d'amis, une des conditions *sine qua non* du bonheur. Avec une telle hygiène de vie, et sans préjuger des excès ou des dérapages antérieurs, les progrès se font vite ressentir, et le stress devient un paramètre facilement assimilable, plutôt qu'un raz-de-marée émotionnel. J'aime la phrase d'Alexandre Jollien : « Dans l'épreuve comme dans la joie, j'aime bien réfléchir sur ce quoi porte l'existence... »

En tant que CHO, c'est votre mission de transformer le stress en énergie positive, et même de créer ce stress positif ! C'est de toute manière le cœur de votre mission, et vous verrez vite les bienfaits de votre action dans votre entreprise, ou dans la gestion de votre propre carrière/vie...

Étape suivante, après le stress : la frustration, une dimension également consubstantielle à notre équilibre. Tout d'abord, un préliminaire : trop souvent, au cours de mes sessions de coaching, je me rends compte que les gens sont tristes ou frustrés, car ils s'imaginent que leur vie devrait être trépidante à 100 %, à toute heure du jour et de la nuit. Mo Gawdat, un auteur spécialiste du bonheur, écrit beaucoup sur ce sujet : notre malheur est en partie dû à notre propension à nous bercer d'illusions sur notre futur. Il faut du rêve et des projets, bien sûr, et c'est d'ailleurs de ça que nous parlons tout au long de cet ouvrage, mais il faut savoir patienter.

La frustration, avant qu'elle ne vous coupe définitivement les ailes et ne tourne à l'aigreur et au cynisme, est également un moteur. Ainsi, Reshma Saujani, la fondatrice de Girl Who Code (qui a participé à une session de Stand up for Passion), une association new-yorkaise qui aide les femmes à devenir programmeuses informatiques (car outre-Atlantique comme ici, ce n'est pas un plafond, mais un mur de verre qui refrène l'accès des femmes aux professions informatiques, pourtant porteuses), a trouvé sa vocation à la suite de plusieurs frustrations : à 33 ans, son travail entièrement consacré à l'argent dans un *hedge fund*, lui est apparu humainement stérile... Elle a ensuite essayé de se tourner vers la politique, mais a échoué deux fois à se faire élire au Congrès. En revanche, ses tournées sur le terrain, dans le comté de New York, lui ont montré le manque criant de formation à destination des femmes dans le domaine de la programmation informatique et l'ont amenée à créer son association : aujourd'hui, ce sont 40 000 femmes qui ont appris à coder grâce à Girl Who Code.

Dans les deux cas de figure, qu'il s'agisse de stress ou de frustration, la solution passe par l'extériorisation : les ennemis, ce sont la rancœur et la tension qui peuvent découler du stress ou de la frustration, et c'est tout ! Donc, pas de panique, et un peu de courage : prenez les problèmes ou les irritants à bras-le-corps, regardez chaque situation en face, désamorcez les conflits, par la diplomatie ou la franchise et rechargez-vous en énergie !

Le cas du burn-out est différent et nécessite une certaine vigilance de votre part dans l'entreprise. En tant que CHO, vous êtes l'un des acteurs de l'ambiance de travail, et le burn-out, désormais officiellement classifié comme maladie professionnelle, peut intervenir chez n'importe qui, à tous les échelons et dans tous les métiers. Ici, c'est votre appréciation qui prime : n'hésitez jamais à parler – et à faire parler – et à aiguiller vers les bons parcours. L'essentiel de l'activité de CHO consiste à animer les valeurs de l'entreprise, et à orienter les collaborateurs positivement. Rien d'étonnant donc à ce que le CHO soit également une vigie de la santé des salariés... Quelle que soit votre profession, et plus particulièrement si vous êtes CHO, soyez à l'écoute, sachez détecter les symptômes et signes avant-coureurs, et ne les prenez pas à la légère. Il ne s'agit ni d'espionner ni de trahir, mais bien de se soucier du « climat social » de votre entreprise.

Le burn-out, c'est un ras-le-bol physique du travail, dû à plusieurs causes. Souvent, s'il est repéré et diagnostiqué à temps, c'est l'occasion d'une remise à plat, et éventuellement d'une réorientation : ici encore, le rôle du CHO sera dans l'écoute, dans l'empathie et dans le conseil. Peut-être faire une « happy » réorientation : beaucoup de burn-out ne sont pas dus à l'excès de travail, mais à l'inadéquation de la personne au poste qu'elle occupe.

Quant à la dépression, un mal répandu dans nos sociétés, il ne s'agit pas là d'une nouvelle étape du burn-out, mais bien d'une maladie psychique à part entière... Lorsqu'elle s'installe, tout à coup, plus d'énergie, de vitalité... Chacun peut connaître des épisodes dépressifs, certains lundis matin (et notamment après des week-ends festifs) peuvent paraître particulièrement sombres, et certaines périodes de vie sont propices à une certaine morosité.

En revanche, la vraie dépression et les vrais dépressifs sont d'un autre niveau. Bien souvent, ils peuvent continuer à vivre, et à travailler – Abraham Lincoln, par exemple, était célèbre pour sa dépression chronique, qui ne l'a pas empêché d'être l'un des plus grands présidents américains –, mais le mal est là – plus ou moins bien traité. David Parke, l'un de mes speakers à Stand up for Passion, a été longtemps soldat américain dans les différentes guerres du Golfe jusqu'à ce qu'il se rende compte qu'il était en guerre contre lui-même. Alors, comment agir ? Tout d'abord, concentrez-vous sur les activités qui vous donnent de la vitalité... Et si cela ne suffit pas, allez voir un thérapeute, un psy, il n'y a aucune honte à cela !

Time to be happy

- ✓ Approchez chaque période stressante avec moins d'alcool, du sport, des amis, de la nature, des exercices de gratitude. Réfléchissez à votre mission, votre philosophie de vie. Vos valeurs, couplées à l'exercice de vos passions doivent vous servirent de boussole.
- ✓ Attitude préemptive : continuez régulièrement vos passions et ne vous identifiez jamais à votre boulot, situation familiale, financière.
- ✓ Passez du temps à comprendre ce pour quoi vous êtes fait et comment vos talents pourraient bénéficier aux autres. Faites du bénévolat.
- ✓ Lisez un livre inspirant ou une biographie par mois.

26 CHANGEMENT DE TRAJECTOIRE, CHANGEMENT DE VIE : LA CHECK-LIST DES QUESTIONS À SE POSER

> « *Juge un homme non pas par ses réponses, mais par ses questions.* »
>
> Voltaire

Ça y est, c'est le moment ! Cela faisait des années que vous le sentiez, mais cette fois-ci, les planètes sont alignées : il est temps d'agir et d'aligner vos envies et votre (vos) vie(s). Le champ des possibles est bien sûr largement ouvert, et j'espère vous montrer qu'il est toujours possible de se réinventer… C'est même hautement recommandé dans le cadre d'un programme de recherche du bonheur ! Mais êtes-vous sûr d'être prêt à faire le grand saut ? Et pour les bonnes raisons ? Et si vous ne pensez pas devoir changer, répondre le plus honnêtement possible aux questions ci-contre constitue également un bon exercice : on ne perd jamais son temps à faire le point sur soi !

Time to be happy

✓ Prenez votre temps, votre plus belle plume et répondez en toute honnêteté aux questions ci-dessous :

✓ Que va-t-il se passer dans les vingt ans à venir, sur le plan pro et perso, si je ne me réinvente pas ?

....

....

✓ Qu'est-ce qui m'empêche de changer ? Qu'est-ce qui me pousse à changer ? Pourquoi cela est-il si important ?

....

....

✓ Comment est-ce que je classe les valeurs qui m'importent ? Ai-je réfléchi au sens de ma vie ?

....

....

✓ Pourquoi ai-je dévié de là où je voulais aller ?

....

....

✓ Comment vais-je utiliser mon temps à partir de maintenant pour arriver là où je veux ? Quelle va être ma discipline ?

....

....

✓ Quelles sont mes principales qualités ?
Quels sont mes principaux défauts ?

....

....

✓ Comment vais-je arriver là où je veux, en connaissant mes défauts ?

....

....

✓ Qu'est-ce que je peux sacrifier maintenant pour me diriger vers mon but ?

....

....

✓ De quelle(s) aide(s) ai-je besoin ?

....

....

✓ Quelle est la communauté qui va m'aider sur mon chemin ?

....

....

✓ De quoi ai-je besoin maintenant pour sauter le pas ? Quel serait le déclencheur le plus efficace ?

....

....

✓ Qu'est-ce que je vais faire, et qu'est-ce que j'ai envie d'accomplir pendant le reste de ma vie ?

....

....

✓ Qu'est-ce que j'ai envie que l'on dise de moi à mon enterrement ?

....

....

✓ Que se passerait-il si on m'annonçait ma mort dans six mois ?

....

....

- ✓ Quel est le regret que je ne veux pas avoir ?

....

....

- ✓ Pourquoi je vais m'engager à devenir la meilleure version de moi-même ?

....

....

27 ET VOUS, ÊTES-VOUS CHAUD POUR DEVENIR CHO ?

> « *Un Chief Happiness Officer n'a qu'une mission : amener de la joie et du sens au quotidien pour les gens avec lesquels vous travaillez.* »
>
> Arnaud Collery, Hub Institute Forum, novembre 2017

Si vous vous sentez concerné par la question de l'humain, vous pouvez vous réinventer comme Chief Happiness Officer, dans une société ou en consultant indépendant. Nous étions trois CHO en 2015 en France et une quinzaine dans le monde : nous sommes aujourd'hui 300 en France et 3 000 dans le monde. Combien serons-nous en 2020 ?

Derrière ces chiffres, il y a un enjeu de société pour lequel je me suis engagé.

En 2014, mon premier communiqué de lancement d'activité de CHO, envoyé à 1 500 contacts en France, aux États-Unis, au Japon, en Chine, est tombé dans un vide sidéral et a généré une certaine inquiétude de mes amis proches. Pourquoi ? Mais pourquoi recommence-t-il à faire n'importe quoi ?

Ce métier apparu vingt ans auparavant dans la Silicon Valley a connu une certaine éclipse. Nous étions une poignée depuis à vouloir le relancer en France, aux États-Unis, en Belgique et au Danemark. En cinq ans, une prise de conscience des effets du digital sur les organisations a entraîné une demande d'accompagnement en relations humaines, et le terme « happiness » est apparu dans le vocabulaire des organisations.

En synthétisant mes approches interculturelles, mon expérience des stand-up et mes parcours universitaires en business, j'ai mis en place des modalités diverses d'intervention, pour contribuer à créer des liens plus harmonieux pour des groupes de 50 à 200 personnes. Autant de marches vers le bonheur pour les individus, mais aussi pour le groupe et l'entreprise.

Ce métier repose sur la créativité, les liens, le partage et prend le contre-pied d'une certaine vision comptable des individus au sein de l'entreprise.

Le Chief Happiness Officer apparaît désormais dans l'organigramme des groupes, où l'on ne connaissait que des CEO, CTO (directeur de l'IT), COO (directeur des opérations), ou CFO (directeur financier).

Mais attention aux termes ! Nous ne prétendons pas avoir une place au comité exécutif de l'entreprise (quoique !), mais ces questions d'organigramme sont partout présentes. D'autres noms existent : Chief Employee Engagement ; Chief Heart Officer ; Vice President of Values ; Chief of Vibes, Chief of Talents, Chief of People and Culture, etc. Nous avons droit à l'humour et à l'originalité, et nous le revendiquons, mais cela suppose aussi un peu de finesse, et il ne s'agit pas de se mettre tout le monde à dos dès le début, dans une polémique qui n'a pas lieu d'être ! Certains DRH ont très peur de nous, tout comme les directeurs informatiques ont eu peur lorsque les digital officers sont apparus il y a quelques années.

Pour pratiquer notre métier, quatre règles claires sont à respecter en tout temps et en tout lieu.

Première règle : le CHO n'interfère pas avec les compétences dévolues aux ressources humaines, aux syndicats ou à la communication. Mais il doit agir en active collaboration avec chacun.

Deuxième règle : le CHO se consacre totalement au bien-être et à la qualité de vie au travail (QVT) et il est identifié comme tel. Il est parfois intégré au personnel dans les grands groupes, alors qu'il intervient en free-lance dans les PME pour des missions ponctuelles et récurrentes.

Troisième règle : le CHO est embauché pour instiller du mieux-être, contribuer à la créativité ou fluidifier les interrelations, et s'inscrit dans la visée de développement stratégique de l'entreprise. Le bonheur au travail, c'est le développement du potentiel de chacun, et donc une meilleure adhésion à l'entreprise. Un certain nombre d'études viennent mesurer les impacts des actions des CHO. Cela engendre deux conséquences : d'une part, c'est un argument pour vous faire embaucher ; d'autre part, vous ne devez pas perdre cet objectif de vue, mesurer les impacts de vos actions, et le bonheur au quotidien (des applications peuvent vous y aider, telles que Butterfly.ai ou Ourcompanyapp.com).

Quatrième règle : ce métier nécessite de bonnes relations avec les divers acteurs, et confronte les CHO avec des problématiques personnelles sensibles. Il faut apprendre à mériter la confiance. Il faut respecter l'anonymat des sources, mais être un lanceur d'alerte parfois (en cas de burn-out prévisible, par exemple). Certaines entreprises ont des procédures établies de lancement d'alerte, mais vous devez pouvoir trouver rapidement les interlocuteurs nécessaires en cas de difficultés.

Le CHO doit être doué d'empathie, aimer écouter et échanger, tout en sachant garder une réserve prudente. Les personnes ayant travaillé dans les ONG ou organisations similaires sont parfaites pour ce poste, pour leur expérience des rapports humains et du coaching. Il en va de même des personnes ayant exercé les fonctions RH, marketing ou communication qui cherchent à enrichir leur expérience avec la pratique du storytelling inhérente au métier de CHO.

Le CHO exerce avant tout un métier créatif. Chaque jour, il doit s'adapter et trouver des solutions. C'est un nouveau métier ! Il doit pouvoir surprendre, contribuer à l'innovation dans l'entreprise, déceler en interne les potentialités enfouies, provoquer certains profils, croiser les méthodes, les techniques et les mondes. Tout cela pour améliorer le bonheur dans l'entreprise et l'interaction générale. Il doit amener des intervenants externes de qualité et surtout différents. Amenez des stand-ups comiques, des artistes qui vont peindre des toiles dans le bureau.

Claude Silver est CHO. Elle préfère s'intituler Chief Heart Officer, elle a en effet préféré remplacer le mot «*happiness*» (bonheur) par celui de « *heart* » (cœur). Pour une des plus grandes start-up de New York, VaynerMedia, 1 000 personnes, elle a mis en place des séances de quinze minutes par personne pour booster les gens.

Ce métier passionnant demande une vraie appétence pour les relations humaines, une adhésion personnelle au développement humain par le bien-être et la recherche du bonheur. Cette profession nécessite une bonne dose d'optimisme : on n'est pas dans cette fonction par hasard ! En France, Francois-Xavier Coulon, de la start-up ManoMano, a choisi cet engagement de carrière après une remise en question personnelle, tout comme Nathalie Forestier, CHO de Allo Resto. Un CHO exercera peut-être bientôt pour le commissariat des armées dans le sud de la France. De même, Sigfox, grosse start-up de l'Internet des objets, Lagardère et Havas semblent intéressés. Bref, beaucoup de sociétés s'interrogent. Nous cherchons tous, peu ou prou, plus de joie, pour soi et pour les autres. Pourquoi ?

En tant que CHO vous avez cinq missions principales : coaching individuel, inspiration et motivation des troupes, création d'événements, réflexion sur les valeurs et mise en place d'un environnement physique agréable.

Time to be happy

✓ Qui, dans les entreprises, communautés ou groupes que vous avez connus, a joué un rôle de CHO sans s'en rendre compte ?

....

....

✓ Pouvez-vous contribuer à une amélioration de la vie quotidienne dans votre société ? Comment ?

....

....

✓ Pourriez-vous écouter pendant deux heures quelqu'un parler de sa vie et l'aider à mieux se comprendre ?

....

....

✓ Pourriez-vous improviser à la demande des discours de motivation ?

....

....

✓ Je vous recommande de lire *Great Teams* de Don Yaeger, Thomas Nelson Publishers, 2016.

28 LES INDICATEURS DU BONHEUR

> *Si vous voulez être heureux pour une heure, faites une sieste. Si vous voulez être heureux une semaine, allez à la pêche, pour un mois, mariez-vous et pour la vie, aidez les gens dans votre communauté.*
>
> Proverbe chinois

Les KPI... Les sacro-saints indicateurs de performance *(Key Performance Indicators)* sont partout et mesurent tout ce qui peut être mesuré ! D'aucuns considèrent qu'ils participent à la pression continue imposée sur les équipes et les collaborateurs – ce qui peut effectivement être le cas –, mais cela dépend pour l'essentiel de l'utilisation et de la lecture que l'on en a. Bien sûr, ils ont pu être manipulés et utilisés à mauvais escient dans certaines crises sociales qui ont agité l'histoire de certains groupes, mais, à l'origine, la démarche a son sens : chercher à quantifier et à qualifier les différents paramètres de la vie d'une entreprise – ou de sa vie personnelle, à l'ère du « *quantified self* » (la possibilité d'obtenir de nouvelles données sur sa vie quotidienne, par exemple grâce aux montres connectées) – permet d'afficher un état des lieux, de fixer des objectifs et de mesurer des progrès.

En tant que CHO, que vous soyez consultant ou en entreprise, ces indicateurs jouent un rôle important dans votre métier, puisqu'ils permettent justement d'objectiver votre rôle, et de montrer son importance. Il vous appartient donc de mettre en place votre batterie d'indicateurs. Tout d'abord, les indicateurs classiques de la QVT (qualité de vie au travail), le plus souvent rassemblés et compilés par les ressources humaines – absentéisme, nombre de jours d'arrêt de travail, climat social, notamment – peuvent être intégrés à votre tableau de bord et à vos rapports, à condition de prendre les précautions d'usage : il ne s'agit pas de dire que c'est votre mission de CHO à elle seule qui fait baisser l'absentéisme dans votre entreprise ! Vous contribuez au bien-être général, bien évidemment, mais vous n'en êtes pas pour autant le seul responsable. Et ceux-ci, s'ils sont très importants, pour le management de l'entreprise, ne sont pas les plus parlants pour les collaborateurs.

À vous donc de créer vos propres indicateurs ! Il y a bien sûr les outils classiques : enquêtes et baromètres de satisfaction, ou encore des questionnaires sur les attentes et les envies – relatives à vos missions, on ne parle pas de carrière ici – des collaborateurs, envoyés par mail, et traités par vos soins afin de mettre en place un baromètre de l'humeur dans votre entreprise. Ici, comme pour tout KPI, n'oubliez pas que c'est la régularité et la masse de données qui permettent de dessiner des tendances et de comparer des périmètres comparables.

Ensuite, afin de rendre ces indicateurs plus ludiques et plus adaptés à votre « fiche de poste », laissez libre cours à votre créativité! Ces indicateurs ont une utilité, et ils peuvent être aussi utiles sans pour autant être ennuyeux. On peut jouer avec les codes de la signalisation et de la langue corporate pour inciter les collaborateurs à jouer le jeu... Ainsi, on m'a parlé d'une usine, en Amérique du Sud, où le manager, véritable CHO dans l'âme, avait instauré un système original dans ses open spaces: chaque poste de travail affichait un feu tricolore, que l'occupant réglait tous les matins, en fonction de son humeur, ou tout au moins de sa disponibilité. Rouge signifiait « ne pas déranger » (pour cause de concentration ou de mauvaise humeur) ; vert signifiait « disponible et ouvert à la discussion », et Orange, bien évidemment, se situait entre les deux... À l'origine, le manager visait ainsi à régler un problème récurrent des open spaces : la difficulté à s'isoler. Celui-ci se trouva résolu, mais il y eut ensuite un autre effet, bien plus bénéfique : de fil en aiguille, peut-être par effet d'entraînement, les feux devinrent de plus en plus souvent verts, et l'humeur générale s'améliora de manière notable au sein de l'open space !

Dans votre vie personnelle – ou familiale – également, des indicateurs de bonheur – correctement étalonnés et partagés par tous – peuvent permettre de résoudre des insatisfactions, ponctuelles ou chroniques. Mais attention ensuite, à l'excès inverse : vous pouvez devenir expert de votre bonheur, mais n'en devenez pas comptable !

Ce qu'il faut créer, c'est un environnement où les gens se sentent écoutés, reconnaissants, reconnus... et qu'ils soient autant que possible dans un esprit de « flow ». La tâche est difficile, mais si on y arrive ne serait-ce qu'un peu, on aura l'impression d'avoir une vraie famille au boulot. Quel pied !

Time to be happy

✓ Créez vos propres indicateurs, et donnez-leur des noms créatifs et originaux : acronymes détournés, noms issus du langage de votre entreprise… Cherchez des moyens d'évaluer la reconnaissance, l'autonomie, la transparence.

....

....

✓ Quelles sont les valeurs de votre entreprise ? Est-ce que ces valeurs sont représentées au quotidien ?

....

....

29 VALEURS DE L'ENTREPRISE : SONT-ELLES EN ACCORD AVEC LES VÔTRES ?

> « *Paradoxalement, les sociétés qui se focalisent sur les valeurs plutôt que sur les profits finissent par améliorer leurs résultats.* »
>
> Charles Garfield

On a l'habitude, en tant que Français, de brocarder les valeurs de l'entreprise, souvent vues comme un procédé destiné à combler les vides laissés par la dépersonnalisation du travail, à se faire bien voir de ses troupes et à l'extérieur, à se créer (sans le dire) un avantage concurrentiel par rapport à ses pairs, etc. Tout cela est vrai ! Les valeurs de l'entreprise sont bien ce qu'elles prétendent être : un ensemble de concepts qui visent à amener vers le haut et à donner du sens à l'activité de l'entreprise. On peut s'en moquer, bien sûr, mais on peut aussi prendre un exemple concret, en comparant les deux derniers présidents américains. Barack Obama insistait en permanence sur les valeurs des États-Unis, et ces discours pouvaient ressembler à des prêches, mais personne ne peut nier qu'il cherchait à tirer l'Amérique vers le haut. Donald Trump, quant à lui, tweete en permanence et ne s'embarrasse certainement pas de valeurs... Résultat : ce sont les généraux américains qui ont été amenés à rappeler que les racistes n'avaient pas leur place dans l'armée américaine, à la suite de la polémique lancée autour des joueurs de football américain un genou à terre pendant l'hymne américain, en signe de protestation.

Au niveau personnel, tout comme dans le monde professionnel, les valeurs, c'est ce qui nous intègre à l'humanité : elles sont peu ou prou les mêmes dans toutes les religions, tous les systèmes qui prétendent guider nos vies, c'est simplement la hiérarchie qui change, et aussi le degré d'adhésion de chacun... Cela dans un monde idéal, bien sûr, où le mal n'existerait pas, mais c'est un autre débat.

À votre niveau personnel, il est important que vous soyez au clair avec vos propres valeurs (et nous ne parlons pas là de qualités ou de défauts) : qu'est-ce que vous préférez voir, chez vous et chez les autres ? L'indépendance ? La rigueur ? La responsabilité ? La gentillesse ? La tolérance ? La liste est longue, et on parle bien sûr de nobles idéaux, mais n'hésitez pas à vous faire votre propre Top 10, puis à chercher à vous comporter en adéquation avec vos valeurs... sans chercher non plus à les imposer aux autres, chacun à son propre système de valeurs.

Dans le métier de CHO, le travail sur les valeurs de l'entreprise est une composante importante de votre mission. Comme on le sait, les valeurs sont le socle sur lequel on construit ensuite les missions et la vision du groupe : elles sont fondamentales, et elles doivent provenir de la base – de la pyramide et de la hiérarchie. Contrairement à ce que pensent beaucoup de personnes, les valeurs ne sont pas un carcan imposé par le management, dans lequel les employés doivent ensuite se conformer ! Dans la définition de ces valeurs, si vous êtes un CHO, vous jouez un rôle à la fois d'animateur et de courroie de transmission entre le management et les salariés. À charge pour vous de proposer des ateliers et des brainstormings sur la définition des valeurs, en impliquant 100 % des membres de l'entreprise, puis de les rappeler : vous êtes à la fois chargé de les faire naître, de les faire vivre, et de les protéger... N'hésitez pas à les faire connaître, à les afficher, puis à les illustrer, graphiquement ou par du storytelling : même si les collaborateurs ne vous prêtent peut-être qu'une oreille ou un œil distraits, le message diffusé et influera – en bien – les comportements.

Essayez de comprendre vos propres valeurs d'abord. Diane Passage, speaker de Stand up for passion, une femme du Mid-West, comme on dit aux États-Unis, qui voulait réussir à New York. Jeune strip-teaseuse, elle épouse un magnat des affaires qui n'hésite pas à quitter sa femme pour elle... puis le FBI arrive un jour et emprisonne son mari et Diane se retrouve à la « une » des journaux, salie, dévastée. La pire période de sa vie ! Aujourd'hui, elle considère cet épisode comme le challenge qui lui a permis de remettre ses valeurs en ordre. Elle est maintenant coach de vie, heureuse, entourée d'amour !

Time to be happy

1. Nous avons tous des priorités et des valeurs différentes. Comprendre les vôtres et celles de vos amis est une priorité. Impossible de se transformer sans.

2. Reconnaître et accepter nos valeurs demande une acceptation de soi. Avant de changer, acceptez de faire le point sur ce qui nous anime aujourd'hui.

3. Listez 50 choses qui ont un attrait quelconque ou qui font du bien : l'amitié, l'amour, le jeu, le voyage, l'altruisme, l'ambition...

....

....

....

....

4. Réfléchissez à votre expérience ultime de joie et de passion ou vous sentez « vivre », que se passait-il ? Quelle valeur est associée à cet état ?

....

....

5. Lorsque vous êtes énervé, frustré avec quelqu'un, quelque chose, quelle valeur est-on en train d'enfreindre avec vous ?

....

....

30 L'ENVIRONNEMENT : CLÉ DE VOTRE ACTIVITÉ !

« Changement d'herbage réjouit les veaux. »

Sagesse paysanne française

C'est tout simple, mais ça va mieux en le disant : votre environnement de travail et celui des personnes que vous accompagnez doivent refléter votre conception du bonheur au travail !

En tant que chaman-showman de l'entreprise, votre environnement, quotidien ou ponctuel, doit refléter votre propension à animer, à égayer et à rendre léger le quotidien ! Fleurs, plantes, couleurs, slogans, ou affiches, tout est bon pour rendre votre environnement attrayant et pour favoriser le contact… En tant que CHO, c'est une part essentielle de votre rôle, bien souvent négligée (et surtout par les éléments masculins de l'entreprise), mais pourtant importante pour libérer les énergies, et déclencher la créativité. Si, trop souvent, les règles, tacites ou affichées, privilégient la sobriété, voire une dimension ultra-fonctionnelle, vous vous devez de militer pour des îlots de couleur et de fantaisie. La généralisation des open spaces et des espaces partagés a fait naître une nouvelle pensée (voire une pensée tout court) de l'architecture intérieure des lieux de travail, et vous pouvez en être partie prenante. Il ne s'agit pas de tout repeindre en rose, mais de militer pour un environnement vecteur de créativité. Déco, mur à brainstorming, mur de photos, végétation : tous les bons plans sont les bienvenus. Bien sûr, vous devez garder les règles de sécurité présentes à l'esprit, mais c'est l'un des domaines où vous pourrez afficher votre personnalité et votre fonction. Et nous ne parlons pas simplement ici de l'obtention d'un baby-foot ou d'un flipper, bien souvent des cache-misère destinés à illustrer le site Internet de l'entreprise et à faire accepter des horaires de travail extensibles... Mais n'hésitez pas à vous engager dans la création d'un environnement vecteur de performances : cela peut passer par la mise en place d'un herbier mural, d'un jardin zen, ou par l'attribution de couleurs vives aux équipes et aux zones de travail, tous les moyens sont bons. Et par ailleurs, intéressez-vous au feng shui : cette gestion des énergies, répandue dans toute l'Asie, permet de penser différemment son environnement, et de lui donner un sens.

Par ailleurs, qu'il s'agisse de séances de coaching ou de séances de créativité, n'oubliez jamais cette règle de base : il faut sortir le groupe ou la personne de son environnement quotidien, afin de lui permettre d'ouvrir les yeux et de lever le nez – au sens propre du terme : vous serez surpris de voir votre ou vos « patients » s'étirer et se déplier, une fois à la lumière du jour, ou dans un environnement différent. Au Japon, il y a une ville entière à deux heures de Tokyo, en pleine campagne, où les sociétés tokyoïtes envoient pour quelques semaines leurs collaborateurs se ressourcer. Ces hôtels n'ont que très peu de bureaux, mais beaucoup de hamacs : on mange ensemble, on va cultiver le riz à la ferme d'à côté... Bref, c'est une application directe de la Forest Bathing Therapy, qui explicitement décrit tous les bienfaits du bain de forêt. Ainsi, lorsqu'il s'agit de renforcer la cohésion ou de motiver des équipes, ne perdez jamais une occasion de sortir à l'air libre et d'amener vos collaborateurs au soleil... Cela n'a l'air de rien, mais c'est tout simplement fondamental ! La lumière favorise la production de vitamine A et permet de tout envisager sous un jour nouveau : elle est votre meilleure alliée !

Time to be happy

✓ Réorganisez votre cadre de vie au bureau, sans rien ajouter : avec les moyens à votre disposition, rajoutez plus de lumière, plus de couleur et plus d'espace ! À chacun de jouer !

31 COACHEZ-VOUS LES UNS LES AUTRES

> *Être préparé,*
> *c'est la moitié de la victoire.*
>
> Cervantès

Coaching, mentoring, reverse mentoring : la vogue des différents modes d'accompagnement semble bien partie pour durer. Depuis vingt ans, aux États-Unis et en Europe, les organisations, qui cherchent à décloisonner les hiérarchies et à libérer les énergies, afin de suivre le rythme effréné de la croissance et des nouvelles technologies, multiplient les initiatives. Il est vrai qu'il y a urgence : 80 % des collaborateurs sont désengagés, à différents niveaux, et le non-bonheur au travail génère différents types de pertes : absentéisme, baisse de la qualité, retards... Aux États-Unis, on estime à 500 milliards de dollars par an le coût du non-bonheur.

Inciter les collaborateurs d'une entreprise à s'accompagner les uns les autres relève du champ de compétences du CHO : à vous de créer le cadre, d'animer la démarche et d'en faire un succès !

En tant que CHO, vous êtes vous-même coach, comme un entraîneur sportif, vous galvanisez et maintenez la motivation des équipes, par différents moyens ; comme un business coach, vous nourrissez les valeurs de l'entreprise et alignez les collaborateurs sur les objectifs de l'entreprise ; comme un coach de vie, vous aidez chacun à révéler tout son potentiel et l'étendue de ses capacités...

Les démarches de coaching et de mentoring ont pour objectif principal de casser les silos et les rigidités inhérentes aux systèmes pyramidaux ou verticaux. Dans un monde qui va de plus en plus vite, où la concurrence est mondiale, il est vital de mettre toutes les compétences de son côté et de passer en mode agile ! Le modèle start-up, qui n'est d'ailleurs pas si horizontal qu'il le prétend (les statistiques montrent que la Silicon Valley est par ailleurs un monde majoritairement blanc et masculin), fait donc des émules dans toutes les catégories d'entreprise, et le coaching permet d'amener des personnes *a priori* éloignées par l'âge, le métier ou le niveau hiérarchique à communiquer, et à partager leurs expériences, leurs compétences et leurs connaissances. Deux dynamiques sont en effet actuellement à l'œuvre et entraînent un manque de communication entre les différentes générations et populations de l'entreprise. D'une part, le traditionnel conflit des générations :

les plus anciens ne comprennent plus les plus jeunes, et les plus jeunes, encore au début de leur carrière et de leur vie, ne sont pas enclins, ou n'ont pas la patience, d'apprendre de la sagesse des vieux éléphants. En outre, la parcellisation des tâches et l'omniprésence des écrans sapent peu à peu le contact humain : maintenant, plus personne ne s'étonne que l'on s'envoie des e-mails dans la même pièce, ou de chatter par écran interposé alors que l'on est à deux mètres l'un de l'autre.

Le coaching permet de créer des « paires » de collaborateurs, orientés dans une démarche commune : métier, projet, etc. Idem pour le mentoring: mentors et mentorés, pygmalions et galatées partagent des moments et des objectifs communs, et s'enrichissent mutuellement. Enfin, dernière innovation : le « reverse mentoring », où ce sont les jeunes de l'entreprise qui partagent leurs connaissances avec les anciens. En effet, l'explosion des nouvelles technologies et des nouvelles manières de travailler qu'elles induisent – une révolution encore en cours, et qui n'a pas fini d'avoir des répercussions sur nos vies – amène à une première dans l'histoire de l'humanité : dans beaucoup de domaines, ce sont les jeunes désormais qui détiennent la connaissance, et qui doivent la transmettre aux plus anciens. Une situation inédite, et parfois complexe, qu'il s'agit d'accompagner et de faciliter. Qu'il y ait de la bonne volonté de part et d'autre (et ce n'est pas toujours le cas) ne suffit pas ! À vous de créer l'environnement propice aux échanges, le programme et les outils nécessaires à chacun, et de mettre chaque participant en condition de s'adapter.

Les possibilités sont si vastes et les explorations si nombreuses aujourd'hui. Mon ami Marc-Antoine Hamet en France utilise la peinture comme base de réflexion dans toutes ses séances, Audrey Surpin en France utilise le « Hamburger Concept » pour parler de l'importance du futur, un concept qui provient de Tal Ben-Shahar avec qui elle a étudié. Ma sœur Lucile, également coach, a utilisé divers outils comme la peinture, le massage, avant de développer une approche appelée «féminin sacré». Elle aide aussi les gens à retrouver leur bonne puissance, par la consultation des «archives akashiques».

Enfin, un dernier mot sur un type spécifique d'accompagnement : les réseaux de femmes au cœur de l'entreprise. Si la situation a évolué, si des lois sur l'égalité hommes/femmes régissent maintenant les salaires, les raisons pour lesquelles ces réseaux sont nés sont toujours présentes : même si les choses avancent, le plafond de verre reste une réalité. Mesdames, je ne peux donc que vous encourager à développer vos réseaux informels – traditionnellement au café, le soir ; ou à travers le sport ; ou autour de la machine à café... N'hésitez pas également à mettre en place et à activer un réseau de femmes, s'il n'existe pas : l'expérience a prouvé la qualité et l'intérêt de la démarche.

Time to be happy

1. Posez des questions ouvertes, larges telles que : « Comment te sens-tu dans le groupe ? », « Quelles sont tes aspirations de vie ? », « Es-tu aligné au niveau de ce que tu es, de tes valeurs et de ce qui se passe dans la vie ? » Puis laissez parler la personne aussi longtemps que possible. Ne la coupez surtout pas.

2. Une fois qu'on a décelé un domaine qui interpelle, demandez : « Sur quoi voudrais-tu travailler aujourd'hui qui pourrait t'aider à court ou à moyen terme ? »

3. Résumez toujours ce que la personne vous a dit à la fin de la session et demandez ce sur quoi la personne devrait travailler. On n'est pas là pour prendre des décisions à sa place, mais pour pousser les gens à travailler sur les questions importantes de leur vie. On les aide à trouver les bonnes questions.

32 PLUS C'EST COURT, PLUS C'EST BON !

> « *Je vous écris une longue lettre parce que je n'ai pas eu le temps d'en faire une courte.* »
>
> Blaise Pascal

Format TEDx de 3 ou 7 minutes, *elevator pitch* en 30 secondes, pitch en 3 minutes : il n'y a pas de secret pour captiver et maintenir l'attention de votre audience, il faut faire court ! Et c'est ce qui nécessite le plus de travail en amont… Tous les grands orateurs, politiciens, leaders ou publicitaires le savent et travaillent cette dimension dans tous leurs discours et présentations.

Notre métier de CHO n'échappe pas à cette règle, et j'apporte un soin particulier à entraîner mes participants, par exemple dans mon activité de Stand up for Passion, à faire court. Ainsi, mon principal atelier consiste à demander aux gens de raconter leur histoire en 7 minutes : d'une part, ce format permet d'aller à l'essentiel et, d'autre part, j'ai appris que l'attention d'un public se relâche au bout de ces fameuses 7 minutes.

Raconter une histoire en un aussi court laps de temps n'est pas aussi aisé qu'en une heure, mais la connexion à l'autre qui en résulte est beaucoup plus radicale et immédiate.

Cette contrainte, forte, permet de faire naître une tension créative quasiment palpable, et un lien fort entre le speaker et son public. Dans ces conditions, l'attaque du discours est primordiale : c'est votre première phrase qui déterminera la réceptivité de l'audience. Apportez-y un soin particulier, travaillez-la, testez-la, et une fois que vous sentez que vous aurez acquis l'attention du public, le reste de votre discours déroulera tout seul. Bien sûr, vous l'aurez également travaillé, en faisant ressortir les points saillants et les transitions, et en ayant également minuté les parties. Le temps passe beaucoup plus vite lorsque l'on est sur scène.

Même si vous n'avez pas une foule d'électeurs à conquérir, même si vous n'êtes pas chef d'entreprise, l'exercice est bénéfique pour tous ! Il permet de se mettre en valeur, d'identifier les points saillants de votre histoire et de votre personnalité : outre que vous vous connaîtrez mieux, vous saurez également vous présenter dans toutes les situations, face à tous les publics… sur scène ou dans votre vie, personnelle et professionnelle. Le point central est de se « connecter à l'autre », de faire passer une émotion. Marlon Brando dit que la seule raison pour laquelle il était payé des millions de dollars, c'est qu'il excellait à faire passer des émotions le plus vite et intensément possible. La plupart des gens sont absolument incapables de transmettre une émotion et parlent pendant des heures d'une voix monotone… Alors que chaque minute compte. *« Yes, we can ! »*

Time to be happy

1. Exercez-vous devant un, puis deux, puis trois-quatre amis. Enregistrez-vous.

2. Chaque fois que vous pitchez, vous devez tenir compte de votre auditoire.
   Que connaît-il sur moi ? Est-il masculin-féminin ? Quel âge a-t-il ? De quelle catégorie socioprofessionnelle fait-il partie ? Combien de temps a-t-il ? Plus vous en savez sur votre auditoire à l'avance, plus vous avez de chances de l'emporter.

3. Les silences sont la clé. À quel moment de votre pitch, de votre histoire, vous pouvez jouer des silences et du timing. Chaque partie doit raisonner et être digérée par votre auditoire. Surtout ne parlez pas trop vite. Imaginez que vous êtes ancré au sol avant de parler.

4. Entraînez-vous. En ce qui me concerne, mon pitch actuel est : « Après un parcours dans le business et l'entertainment, c'est au cours d'un séjour de plusieurs semaines en tribu que j'ai décidé de travailler dans l'humain et rien d'autre. Je propose aux équipes avec qui je travaille de travailler sur

la joie et le sens de la vie. » Si j'ai un CEO en face de moi, j'ajoute le fait que d'accroître le bonheur augmente de 30 % la créativité et la productivité d'une entreprise.

5. Demandez-vous toujours *in fine* : qu'ai-je envie qu'ils sachent de moi et comment puis-je connecter en profondeur avec eux.

6. Allez à l'essentiel. Oubliez le reste. Concentrez-vous sur votre intention.

33 DIGITAL, SMARTPHONES ET RÉSEAUX SOCIAUX : LES « MEILLEURS ENNEMIS » DU CHO !

> *Le digital peut nous rendre plus heureux, il suffit d'en apprendre la langue !*
>
> Aurélie Jean

On pratique aujourd'hui le même discours sur le digital que sur la télévision il y a vingt ans : « Un peu, c'est bien, et puis il y a des émissions qui valent la peine quand même, il n'y a pas que de la trash TV, etc. » Et puis le temps moyen passé devant la télévision est de trois heures par jour ! Idem avec les écrans aujourd'hui : les jeunes passent quatre heures par jour devant leurs écrans… le plus souvent sur les réseaux sociaux. Et il ne s'agit pas que des jeunes : nous sommes tous, à différents niveaux, des drogués des écrans. Et je ne me sors pas du lot ! Un rappel, simplement : le métier de Chief Happiness Officer est né il y a vingt ans dans la Silicon Valley, pour ramener un peu d'humanité dans ce monde d'ingénieurs/geeks car justement ils n'étaient pas assez connectés aux autres, dans la vraie vie. Votre métier, et votre vie, c'est donc l'humain avant tout ! Mais le monde devient de plus en plus connecté, de plus en plus tech : actuellement, nous sommes en train de monter le label Happy Tech, qui regroupe toutes les start-up et initiatives liées au bonheur au travail en France. Ce collectif est en train d'exploser dans les médias depuis quelques mois, et on a une centaine de demandes d'adhésion. Le CHO n'est donc pas un troglodyte, et comme pour tout ce qui est addictif, le secret réside dans la modération !

Je distingue plusieurs aspects dans le digital, et je le cantonne à ce qu'il est : un outil. Utile, comme son nom l'indique, mais qui ne doit pas prendre trop de place dans nos vies…

Au quotidien, dans mon métier, je séquence les moments et les usages. Ainsi, lorsque nous sommes en groupe, en workshop ou tout simplement ensemble, je limite au maximum l'usage des smartphones. Le simple fait de se délester de sa vie numérique permet de comprendre que l'on va passer ensemble un moment différent, et connecté à son entourage... ce qui n'est plus si fréquent! Digital detox!

Ensuite, dans mon usage professionnel et personnel, je me suis fixé des règles d'hygiène de vie numérique. Tout d'abord, il est vital de limiter le temps que l'on y passe, tous réseaux confondus : Facebook, Twitter, LinkedIn, Snapchat, Instagram, etc. Décidez du temps que vous souhaitez y passer, entre 20 et 40 minutes par jour, par exemple, et respectez cette règle. Ensuite, rendez ce temps constructif! Rester passif, ou voyeur, sur les réseaux sociaux, peut vite engendrer une sorte de frustration, devant les photos de vacances, de voitures, et d'orteils de vos « amis »... et n'oubliez pas que quelqu'un qui a du temps pour poster une photo n'est peut-être pas finalement en train de passer un moment aussi incroyable que cela!

Donc, soyez actif, et acteur de votre vie numérique: likez, retweetez, postez vous-même, mais fixez-vous aussi des limites. Pour ma part, et je ne suis pas expert, je considère qu'une cinquantaine de posts par mois constitue une dose raisonnable, soit 1,6/jour. Veillez à maintenir une sorte de cohérence «éditoriale», et à diffuser des informations – plus ou moins – intéressantes, et toutes relatives à votre réinvention personnelle, ou à votre activité!

Un exemple d'utilisation des réseaux sociaux: le mien!

Facebook : créez votre communauté dédiée, partagez votre savoir et vos découvertes, et demandez à vos «amis» d'en faire autant. Ainsi, votre fil deviendra vite une mine d'informations. Suivez les personnes qui vous intéressent – toujours dans cette optique de CHO de votre entreprise – ou de votre vie ! – et placez-les en « follow first » !

Facebook Live : pour un usage pro/semi pro ! Faites des interviews – en format vertical, désormais – des gens que vous appréciez, ou dans les événements auxquels vous assistez. Faites court, soyez attentifs à votre captation du son, et vous devenez un média à vous tout seul ! À utiliser avec modération, une fois par semaine, par exemple, mais si c'est bien fait, vous obtiendrez une exposition maximale.

Linkedin : contactez, sans fausse pudeur, ceux dont le métier vous fait rêver. « Likez » leurs publications, partagez-les, et inscrivez-vous aux clubs pros qui vous intéressent. Publiez ce qui vous intéresse, une ou deux fois par semaine, et vous serez surpris de la puissance de ce réseau, devenu un outil incontournable du monde de l'entreprise et des chasseurs de têtes.

Twitter : suivez tout ce qui vous intéresse, tweetez, retweetez. Très utile dans notre communauté professionnelle, avec son mélange d'informations pro et d'inspirations.

Hootsuite : un compte qui regroupe tous vos comptes sur les réseaux sociaux, afin d'assurer votre cohérence éditoriale, et, *in fine*, votre personnalité digitale telle qu'elle apparaît. Un peu technique, mais nous sommes en 2018, et les réseaux sont maintenant une réalité incontournable.

Medium : ce blog est devenu très populaire depuis deux ans. Utilisez-le pour découvrir les nouvelles tendances, ou de nouvelles idées... Un digest pointu, tech, actus et lifestyle.

Instagram: votre propre galerie photo et vos stories, utile pour toutes les professions visuelles – réalisateurs, photographes, designers, par exemple – qui ont pu ainsi donner un coup de boost à leurs carrières. Ensuite, attention: c'est également – et surtout – un puissant vecteur de narcissisme ! Tout le monde n'est pas nécessairement intéressé par votre assiette ou votre look du lundi dans l'ascenseur du travail.

Google Alerts : très utile pour savoir tout ce qui sort sur les 20 ou 30 domaines qui vous intéressent. Paramétrez vos mots-clés, en français, et dans d'autres langues (que vous pratiquez !), et soyez à la pointe de l'actualité mondiale.

Enfin un dernier point... « Cette collecte des données digitale qui inquiète ne doit pas réduire l'humain à un objet digital, mais doit favoriser les liens entre humains », dixit le Livre blanc de El-Technologies paru en novembre 2017. Tout le monde s'inquiète sur la place que prendront à l'avenir les GAFA (Google, Apple, Facebook, Amazon), sur la transformation humaine et sur les réflexions éthiques que cela engendre. Il faut faire avec !

La transformation digitale de chaque entreprise ne pourra se faire sans transformation humaine. Si vous êtes CHO, il faudra travailler main dans la main avec le directeur de l'innovation. On se dirige vers une «harmonie sociale». Tous les collaborateurs vont devoir faire avec et il y aura beaucoup à faire pour que personne ne perde pied… Ce ne sera pas si simple d'être «agile» comme tout le monde dit en utilisant les réseaux sociaux et autres outils de force de vente, etc.

On sait que 10 à 30% des métiers vont disparaître à cause du digital, de l'automatisation. On sait aussi que les métiers de demain n'existent pas encore.

Il est clair en tout cas que le fait de passer par le digital change les gens. À la conférence «Future of work» du Medef en novembre 2017, Jean-Brand Pieri, le Head of Digital Factory de Veolia, était surpris qu'on ne l'appelle plus « boss » mais « coach ». Voilà une conséquence positive des réseaux sociaux, de la transformation digitale.

Time to be happy

- ✓ Postez un message par jour exclusivement sur votre domaine Facebook. Utilisez la fonction « follow first » pour voir en priorité les gens de votre domaine.
- ✓ Créez votre blog sur Medium.
- ✓ Créez-vous des « listes » sur Twitter.
- ✓ Instagram est bien pour connaître le monde esthétique de quelqu'un, à l'instar de Pinterest.
- ✓ Créez ou ne rejoignez que les groupes Whatsapp auxquels vous voulez participer.
- ✓ Créez un salon de réflexion dans votre entreprise sur le « digital humaniste ».
- ✓ Quels outils digitaux de la maison pouvez-vous amener au travail ?
- ✓ Quels nouveaux métiers vous ou votre société pouvez-vous créer grâce au digital ?

34 IT'S TIME TO CELEBRATE !

> *Qu'importe tout notre art dans les œuvres d'art, si l'art supérieur, qui est l'art des fêtes, se met à disparaître parmi nous !*
>
> Friedrich Nietzsche

Le métier de CHO, c'est 90 % chaman, 10 % showman… c'est aussi une dimension importante de votre travail et de votre vie, qu'il s'agit de travailler. Comme on le dit à Hollywood : « *There's no business like CHO-business !* » J'adore faire la fête. Organiser des événements, pour moi ou pour mes différentes sociétés, a toujours été un besoin vital ! En 2002, à Paris chez moi, tous les jeudis, j'invitais toutes les personnes que j'aimais bien et c'était la fête une fois par semaine, qu'il neige, pleuve... Pas de répit pour la fête ! Ce n'était pas la peine de prévenir pour venir chez moi. La maison était ouverte absolument tous les jeudis. Des amis d'enfance ne comprenaient pas mon besoin d'être entouré de gens nouveaux absolument chaque semaine : « Mais qu'est-ce qu'ils t'amènent ces gens ? Mais pourquoi tu fais ça ? » Célébrer la vie, l'amitié, la musique, emmener les gens dans un tourbillon constitue un excellent antistress. Il ne s'agit pas de faire de la vie une bamboche perpétuelle, loin de là : ce serait même néfaste. Mais une belle fête, un bel événement, bien préparés – car s'il faut de la spontanéité, il faut aussi voir grand ! –, sont source de bonheur : c'est l'occasion de mixer ses tribus et ses communautés, de renouveler ses énergies, et de dire « je t'aime » à tous ceux qui comptent pour vous !

Lorsque j'ai eu l'occasion d'organiser les French Tuesdays tous les mois à Tokyo en 2010, en rassemblant artistes, DJ et toutes mes communautés il y avait une règle, il fallait se connecter, se parler entre personnes inconnues. Tout bon CHO qui se respecte est un connecteur. Toute la soirée, je m'efforçais de présenter les personnes les unes aux autres. Une régénération indispensable à toutes les tribus : c'est l'apport de nouveautés, de nouvelles personnes, qui renouvelle le dynamisme de tous les organismes vivants.

Organiser une fête, c'est un travail conséquent, qui engendre également des bénéfices collatéraux : j'ai vu des entreprises se mobiliser comme un seul homme pour préparer un événement à horizon deux mois ou six mois. C'est un

« travail » agréable, entièrement tourné vers la recherche de plaisir et le don. Il y a une règle d'or dans la vie festive : il ne faut rien attendre, et se laisser surprendre ! Lorsque vous allez à une fête, n'attendez pas « la meilleure party du siècle », c'est le meilleur moyen d'être déçu. De même, c'est le secret d'une fête réussie : votre seul objectif doit être de rassembler les gens, de veiller à ce que chacun s'amuse, et que tout soit sous contrôle (en toute discrétion, bien évidemment). Les retombées, business ou autres viendront si elles doivent venir, et de toute manière, n'oubliez jamais que ce sont les rencontres, inattendues ou incongrues, qui feront le succès de votre fête, à court et long terme. Et qui orienteront votre nouvelle vie, de manière plus ou moins directe...

Time to be happy

✓ Devenez à partir de maintenant un « connector ». Présentez des personnes les unes aux autres sans attendre quelque chose en retour. C'est comme ça que vous construisez votre base.

✓ Les partenariats, la date longtemps fixée à l'avance qu'on ne change plus et surtout un bon « son » sont les bases d'un bon événement. Ne prenez rien à la légère !

✓ Ne choisissez pas pour photographe un ami qui aime prendre des photos, sauf si c'est un professionnel. Vérifiez que tout fonctionne bien : le son, la caméra, la lumière...

✓ Chaque tribu ou famille a un moyen unique de vivre la joie. Concentrez-vous là-dessus. Y a-t-il une passion qui est commune par la plupart des gens ?

....

....

➡

- ✓ Pour des animations originales, faites venir un comique de stand-up, un écrivain, un peintre et interviewez-le.
- ✓ Invitez des troupes d'improvisation qui se mêlent aux gens, réalisez un vrai court-métrage avec votre équipe...

35 MY PHILOSOPHY : DÉCIDER DE DONNER DU SENS À SA VIE !

> « *Je ne m'intéresse pas*
> *à la façon dont tu gagnes ta vie,*
> *je veux savoir à quoi tu aspires*
> *et si tu oses réaliser tes rêves.* »
>
> Anonyme

En pratique, et dans votre vie, la recherche du bonheur est une quête philosophique, au sens propre du terme ! Et pour cela, il importe avant toute chose de travailler vous-même sur la définition de votre propre philosophie de vie : ce qui vous constitue, ce qui vous inspire et ce à quoi vous aspirez aujourd'hui... Ensuite, une fois votre philosophie de vie élaborée et étayée, vous pourrez avancer, et développer les qualités et aptitudes nécessaires au développement de votre bonheur personnel : la capacité de prendre des décisions, l'audace, la résilience, la persévérance... autant d'aptitudes qui se cultivent et se renforcent tout au long de ce chemin qu'est la vie, et dont chacun dispose. L'audace, la persévérance et la résilience ne sont pas des qualités innées ! En revanche, elles fleurissent le long d'un tuteur : votre philosophie de vie, ou votre colonne vertébrale morale.

Avant toute chose, il est donc important de faire le point sur qui vous êtes : vos valeurs, vos talents, votre Ikigai (les Japonais appellent ainsi leur cartographie du sens de la vie, réparti sur quatre points cardinaux : passion, mission, profession, vocation). Qu'est-ce qui est vital pour vous ? Qu'êtes-vous prêt à abandonner ? Quelle est votre priorité ? Quel est votre but ? Qu'avez-vous envie d'entreprendre ? Qu'est-ce que vous ne pouvez absolument pas sacrifier ? Pour moi, par exemple, la diversité des expériences, la nouveauté, l'apprentissage sont les domaines qui me tiennent le plus à cœur, et sur lesquels je ne transige pas.

Développer et affirmer sa philosophie de vie, c'est l'œuvre d'une vie, mais cela n'empêche pas de commencer ! C'est l'aboutissement de la philosophie de Socrate – « connais-toi toi-même » –, mais après une réflexion qui lui a pris toute une vie. À chacun de faire ce chemin ! Cela passe bien sûr par un travail sur soi, mais aussi par un apprentissage et une ouverture à la philosophie des autres : les grands auteurs, bien sûr, qu'ils soient grecs, latins, allemands, français, portugais, sénégalais, chinois, tibétains, arabes, ou tous ceux qui ont pu vous inspirer au quotidien, de près ou de loin.

La deuxième étape dans la construction de sa philosophie de vie, c'est ensuite de s'écrire ses propres valeurs : quelques mots, une devise, un slogan, qui résument votre philosophie au moment présent ! Cette devise vous servira à garder le cap, à effectuer les bons choix à tous les carrefours de votre vie. Pour ma part, actuellement, ma devise est : « *Grow thrive serve* ». Bien que ma langue maternelle soit le français, il m'est difficile de traduire des mots aussi percutants. En gros, cela signifie que j'ai besoin de grandir, d'apprendre en permanence, j'ai besoin de m'épanouir, mais je sais aussi qu'aider les autres fait partie de mon bonheur. Cela va au-delà des valeurs, c'est un principe de vie, qui permet ensuite de guider vos décisions, et de donner un sens à votre vie. Il peut être à long terme, il peut être plus pratique : Akebono, le lutteur sumo d'origine hawaïenne qui a participé à Stand up for Passion, a résisté aux insultes, aux coups et à la pression avant de gagner des combats, car il suivait un objectif clair : réussir son année au Japon et garder la tête haute.

Lors de mes séminaires en entreprise sur le bonheur, je demande souvent à mes participants lquel est le sens de leur vie : Quel est votre chemin ? Où allez-vous ? Où voulez-vous aller ? Pourquoi, et dans quel but ? Des questions de première importance, que beaucoup oublient, ou n'osent pas se poser ! Et qui surprennent : les participants pensent souvent que parler de bonheur va être un moment simple, joyeux « oui » superficiel, que nenni !

Que nenni ! Pour moi, le sens de la vie est intimement lié au bonheur, cet équilibre constant entre la satisfaction du moment et les ambitions pour son futur, son chemin et son impact sur la terre... Et vient un moment, souvent vers 40-45 ans, où il devient urgent de se poser la question du sens de notre vie : pourquoi fait-on ce que l'on fait ? Comment est-ce que l'on se met au service de la société ? Pour Angela Duckworth, dans son livre *Grit – The Power of Passion and Perseverance*[1], la vie prend un sens lorsque l'on fait quelque chose d'utile pour les autres. Cela arrive souvent en deux étapes, comme une prise de conscience que l'on a un talent particulier dans son domaine, et que l'on peut réellement faire la différence. À ce moment, c'est souvent l'occasion de faire évoluer ses valeurs, et c'est normal : le sens de la vie est une dynamique et doit devenir un moteur de votre évolution ! N'hésitez donc pas à réécrire vos valeurs, et n'ayez pas peur d'en changer : il est normal d'évoluer, c'est le contraire qui est inquiétant.

Aujourd'hui, le sens de ma vie est d'aider le plus de gens possible à raconter leur histoire, afin d'en inspirer d'autres. Lorsque je regarde en arrière, cela fait sens : j'ai aimé lire, puis écrire, puis faire du stand-up, puis écrire des scénarios, les réaliser et les produire. J'ai aidé ensuite des jeunes à raconter

1. *L'Art de la niaque*, JC Lattès, 2017.

leur histoire, des start-uppers à pitcher leur projet, et j'ai monté des soirées: tout cela a abouti à Stand up for Passion... Il a fallu quinze ans pour que tout ce que j'ai fait prenne un sens, ça n'est pas venu du jour au lendemain, mais je suis toujours resté conscient des bienfaits des histoires, des miennes comme celles que j'aidais à faire naître. Trouver un sens vient souvent comme cela, petit à petit, couche par couche, et l'on retrouve les éléments déclencheurs : pour certains, cela peut aussi être « eurêka ! », mais c'est plus rare.

Ensuite, lorsque l'on a « accouché » et développé un sens à sa vie, on réalise au fur et à mesure que l'on devient plus équilibré intérieurement, et on commence à aligner son orientation sur ses intuitions. On garde tous, à tout moment, le choix de changer, de prendre une route différente, et il faut bien se rappeler qu'on va découvrir beaucoup d'autres choses sur le chemin, qui nous mèneront possiblement ailleurs.

Une fois votre sens de la vie établi, ce sera le moment d'entamer le chemin ! Il faudra du courage, de l'audace, de la persévérance, du goût du risque, de l'indépendance, mais vous serez au fur et à mesure de plus en plus à même de suivre votre propre voie... Et votre résilience, c'est-à-dire votre capacité à rebondir après des coups durs se développera également : c'est lorsque l'on sait qui l'on est et où l'on va, à plus ou moins long terme, que l'on encaisse les épreuves et les accidents de la vie. Et, comme dit l'adage, « ce qui ne nous tue pas nous rend plus forts » ! Il ne s'agit pas pour autant de devenir masochiste, mais il est clair qu'il est important, et même nourrissant, d'extraire ce qui a de l'importance pour nous dans les défis que la vie nous impose.

Connaissant tout cela, il sera alors temps de commencer à décider de votre destin ! Et votre première décision, ce sera justement de prendre des décisions, en accord avec ce que vous dit votre voix intérieure… La plupart de ceux qui ont eu une vie inspirante peuvent identifier le moment où ils se sont mis en route vers le succès : c'est lorsqu'ils ont pris leur destin en main, et qu'ils ont décidé de devenir maîtres du jeu. À vous de jouer !

Cela demande de l'énergie de prendre une décision, mais ne pas prendre de décision est également une décision, alors à quoi bon hésiter ? Plutôt que de se dissiper, de perdre de l'énergie dans des choses sans importances, autant concentrer toute son énergie à poursuivre son but, et à tracer son chemin ! Et l'on se retrouve pris dans un tourbillon d'adrénaline, le sel de la vie : cette vision, ce but, doivent vous guider, vous inspirer, pendant tous les moments où vous vous retrouvez, le matin au lever, le soir au coucher…

C'est une gymnastique quotidienne, et c'est aussi un exercice de long terme. D'abord, il faut s'entraîner à décider, sur les petits sujets comme sur les grands : cela vous aidera à concentrer vos énergies, et à dire non un peu plus souvent à ce qui est superflu, et à devenir plus exigeant, avec vous-même et avec les autres… Personne n'est responsable de votre destin, à part vous ! Personne n'a autant à cœur de vous voir vous réaliser que vous-même !

Il ne faut pas se méprendre non plus : beaucoup de gens pensent que prendre une décision nous oblige à atteindre l'objectif que l'on s'est fixé. Ce n'est pas exactement cela : on s'engage à tout faire pour, tous les jours, et il faut persévérer, mais il ne faut pas non plus s'obstiner. Parfois, les portes se ferment, et il faut aussi l'accepter et tourner la page, mais on peut aussi évoluer au cours du chemin, et changer d'objectif... D'autre part, il faut être patient. À titre d'exemple, voici mes différents objectifs passés, et le temps que j'ai mis à les atteindre :

- Retourner aux États-Unis avec le bon visa : 10 ans !
- Devenir un acteur : 10 ans
- Étudier/vivre à Tokyo : 12 ans
- Marathon : 10 ans (3 marathons)
- Faire un film : 7 ans
- Devenir conférencier TEDx : 8 ans
- Vivre dans une tribu : 15 ans
- Retourner à Tokyo dans le cadre professionnel : 10 ans !
- Être coach : 15 ans
- Écrire un livre : 20 ans !

Mais persévérer ne veut pas non plus dire s'obstiner. Paulo Coelho dit dans le *Manuel du Guerrier de la lumière*[1],

1. Livre de poche, 2000.

que « le soldat se retranche, récupère et observe avant de repartir. Il persévère dans sa volonté, mais attend le meilleur moment ». J'ai souvent fait cela et je continuerai... Il y a tellement de domaines dans lesquelles je n'ai pas dit mon dernier mot, j'y reviendrai, j'attendrai le bon moment, même si cela prend cinq, dix ans, vingt ans. Et n'oubliez pas, également : beaucoup de gens surestiment ce qu'ils peuvent faire sur un an, et sous-estiment ce qu'ils peuvent faire en dix ans... Allez, il est temps de se mettre en route vers son accomplissement, et son bonheur !

36 « LA VIE N'EST PAS UN PROBLÈME À RÉSOUDRE, MAIS UN MYSTÈRE À VIVRE ! »

La citation de Joseph Campbell, en titre de cette conclusion, est pour moi la plus belle phrase du monde ! J'espère que ce livre aura pu vous donner quelques clés pour vous réinventer, ou pour vous poser les quelques questions préalables à tout changement de vie. Mais n'oubliez pas que les réponses sont en vous ! Il n'y a pas de méthode scientifiquement prouvée pour devenir plus heureux, et cela peut passer par des choses simples : prendre un peu de temps pour soi, flâner, humer l'air du temps, faire confiance à son intuition et à sa bonne étoile… La réinvention est parfois au coin de la rue, il s'agit simplement de saisir tous les signes qui l'annoncent, puis d'agir en fonction. David, ce prêtre zen qui dirige la retraite spirituelle Body Mind Retreat nous répète souvent : « Sachez que la vie est exquise dans tous, absolument tous les moments qu'on peut vivre. »

Tous les plus grands ont eu des moments de doute où ils ont dû se réinventer. On dit que c'est après un passage de Al Pacino chez Scorsese que ce dernier s'est remis à écrire, remis à rêver et à continuer à réaliser et à produire de superbes films. Il pensait qu'il n'avait plus rien, plus rien au fond de lui.

On peut se réinventer, c'est parfois une nécessité vitale, mais il faut savoir que le chemin ne sera pas facile, et bien peser le pour et le contre avant de se lancer. Tous les obstacles sont là pour nous mettre à l'épreuve. En revanche, sachez bien que c'est une démarche personnelle, et c'est pour cela que j'ai décidé de ne pas consacrer deux chapitres à deux aspects pourtant vitaux du bonheur : l'amour et l'amitié. L'amour comme l'amitié sont indispensables à notre équilibre, nous donnent des ailes et de la joie, nous donnent des raisons de vivre, nous donnent les meilleurs moments de notre vie : tout cela est vrai. Mais les gens vous aiment tels que vous êtes, tels qu'ils vous ont connu, et pas nécessairement comme vous aimeriez être : dans le cadre d'une réinvention, ils ne seront pas nécessairement les meilleurs conseils que vous pourrez trouver. Consultez-les, à bon escient, et ceux à qui vous faites confiance. J'ai pour habitude de passer trois à quatre heures avec quelques amis proches, à chaque tournant important de ma vie. Alors, il ne s'agit pas de couper les ponts, bien évidemment, mais d'être conscient de cet aspect. Certaines histoires d'amitié ou d'amour durent par habitude, et peuvent finir par vous couper les ailes. Mais les vraies histoires, les pures, resteront et grandiront au fil de votre transformation.

Vous l'avez vu, il ne faut pas se réinventer pour de fausses raisons : les considérations de carrière, d'argent, de succès n'ont pas leur place ici !

Ce sont des à-côtés, qui adviendront peut-être si vous alignez vos vies, et si vous êtes en accord avec vous-même, mais ils ne sont pas des buts en soi. Le but, c'est de suivre son cœur et de mettre toutes les chances de son côté pour s'accomplir.

Enfin, un dernier mot : la vie est un voyage, une aventure ! Profitez-en pleinement, à chaque moment, à chaque étape, et vous serez plus heureux !

Oprah Winfrey a dit : « Vous obtenez simplement ce que vous avez demandé. »

Visualisez-vous dans dix ans. Que faites-vous au quotidien ? Qui rencontrez-vous ? De quoi parlez-vous ? Ou êtes-vous ?

Et si tout était possible… ?

« Risquez plus que tout le monde. Prêtez de l'attention plus que tout le monde aux choses importantes. Rêvez plus que tout le monde. Attendez-vous à ce que tout marche » (Claude Bissel).

« Il ne faut pas de tout pour faire un monde. Il faut du bonheur et puis c'est tout » (Paul Eluard).

Demandez-vous quelle est la plus petite chose que je peux faire pour me changer moi, changer les gens au travail et devenir le meilleur Chief Happiness Officer possible à la maison, dans mon entreprise et dans ma vie ?

Maintenant, engagez-vous à prendre une seule décision qui peut changer le cours de votre destin ou tout simplement la vie des gens avec qui vous travaillez !

REMERCIEMENTS

Merci à Anne Ghesquière de m'avoir, la première, encouragé à écrire un livre.

Merci à Élodie Bourdon, mon éditrice, de croire en moi et de sentir quelque chose, d'avoir insisté pour cette couverture amusante, donnant de la légèreté.

Je remercie ma femme qui était là bien avant que je choisisse cette profession. Pas facile tous les jours pour elle de contenir mon énergie et ma curiosité incessantes. Je ne sais pas d'où elle tire sa force tranquille.

Je remercie mes amis depuis longtemps : Alexandre Slezarski, Michael O'Connor, Elman Salaev, David Schwartz, Christian Perron et Stéphane Munière qui ont été là et m'ont souvent soutenu dans mes carrières innombrables. Ils sont tous de cultures, d'affinités, de métiers, de communautés, de pays différents. Et pourtant, tous me comprennent. Tous répondront « présent » si j'en ai besoin. Leur amitié m'est précieuse.

Si je n'ai pas toujours été proche des membres de ma famille, ce livre m'a permis de me rapprocher un peu plus d'eux. Tous ont participé à sa relecture. Merci à mon père qui, comme d'habitude, m'a soutenu dès le début de ce projet, et à ma mère et mes sœurs, Marion et Lucile, pour leurs nombreux feedbacks. Tous sont des modèles de réinvention. Ma sœur Lucile est coach holistique à Chambéry, et ma sœur Marion est aujourd'hui mariée à un super Australien et professeur à l'Alliance française.

Je dois beaucoup à mes années passées au Japon et notamment à certaines personnes.

Merci à Monsieur Leymarie de m'avoir donné mon premier job à Cartier Tokyo.

Merci à Michael O'Connor, à Tokyo également, d'avoir cru en moi et de produire ensemble un film.

Merci à Thierry Jean-Pierre, ancien juge et parlementaire malheureusement décédé, de m'avoir fait confiance pendant quelques mois.

Je pense également à Shintaro Ito, génialissime homme politique japonais, qui m'a toujours accordé du temps. Bien que nos âges soient différents, nous avions chaque fois les mêmes vues sur les mêmes sujets, que ce soit l'amour, les femmes, le cinéma, l'éthique, la technologie, l'innovation.

Merci à Joseph Miller d'avoir été là et de m'avoir écouté souvent, de m'avoir hébergé de nombreux mois à Los Angeles.

Merci à tous les gens que j'ai rencontrés à Aruba, petite île lointaine du bonheur : que ce soit Bianca, directrice de l'innovation, ou le Premier ministre Mike Elman. Je n'ai jamais rencontré d'homme politique aussi généreux, intègre, honnête qui aime profondément les gens. Cette île me fait du bien. J'y aime les gens.

INDEX DES PERSONNES CITÉES ET DES NOTIONS CLÉS

S

T

V

W

Y

C'EST À VOUS : RACONTEZ VOTRE HISTOIRE !

....

....

....

....

....

....

....

....

....

....

....

....

....

....

....

....

ENCORE PLUS DE BONHEUR AUX ÉDITIONS LAROUSSE !

Nathalie Lefèvre
Préface de Géraldyne Prévot-Gigant
C'est décidé, je m'épouse !
Choisis-toi, le monde te choisira
Larousse

LAURENCE BOURGEOIS
LES GENS
HEUREUX
ONT TOUJOURS UN
PLAN B
« Un livre qui allège l'avenir. »
Florence Servan-Schreiber
LAROUSSE

PAPIER À BASE DE
FIBRES CERTIFIÉES

LAROUSSE s'engage pour
l'environnement en réduisant
l'empreinte carbone de ses livres.
Celle de cet exemplaire est de :
600 g éq. CO_2
Rendez-vous sur
www.larousse-durable.fr

Achevé d'imprimer en Espagne par Industria Grafica Cayfosa

Dépôt légal : avril 2018

320688/01 - 11036857 - mars 2018